一起向未来
YIQIXIANGWEILAI

中医药文化系列丛书

LAO ZI HAO

"童"行
传奇老字号

方鸿琴　主　编

全国百佳图书出版单位
中国中医药出版社
·北　京·

图书在版编目（CIP）数据

"童"行传奇老字号 / 方鸿琴主编 . -- 北京 : 中国中医药出版社，2024. 12. --（"一起向未来"中医药文化系列丛书）.

ISBN 978-7-5132-9230-6

Ⅰ . G634.983

中国国家版本馆 CIP 数据核字第 20242KT595 号

中国中医药出版社出版

北京经济技术开发区科创十三街 31 号院二区 8 号楼
邮政编码　100176
传真　010-64405721
河北品睿印刷有限公司印刷
各地新华书店经销

开本 787 × 1092　1/16　印张 11.5　折页 0.75　字数 172 千字
2024 年 12 月第 1 版　2024 年 12 月第 1 次印刷
书号　ISBN 978 – 7 – 5132 – 9230 – 6

定价　68.00 元
网址　www.cptcm.com

服 务 热 线　010-64405510
购 书 热 线　010-89535836
维 权 打 假　010-64405753

微信服务号　zgzyycbs
微商城网址　https：//kdt.im/LIdUGr
官 方 微 博　http：//e.weibo.com/cptcm
天猫旗舰店网址　https：//zgzyycbs.tmall.com

如有印装质量问题请与本社出版部联系（010-64405510）
版权专有　侵权必究

《"童"行传奇老字号》

從娃娃抓起 啟迪中醫智慧

從從近看 手播種 健康理

念從細微尊入 展現文化

精粹 從知行融匯 樹立文化

自信

張其成 甲辰秋 於北京

张其成教授为本系列丛书题词

传承中医文化
启迪中医智慧

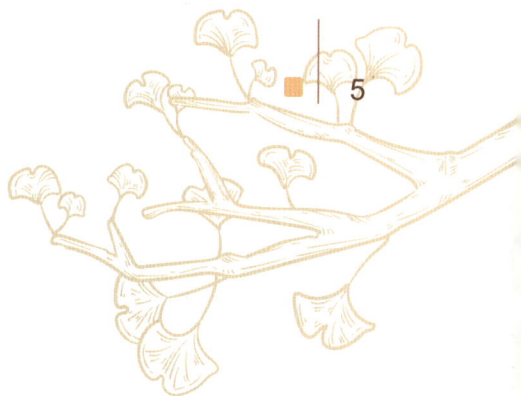

——"一起向未来"中医药文化系列丛书总序

在中华人民共和国成立 75 周年之际，我们组织中医药文化科普作家与中国中医药出版社策划推出"一起向未来"中医药文化系列丛书，向伟大的祖国献礼！

习近平总书记指出："中医药学凝聚着深邃的哲学智慧和中华民族几千年的健康养生理念及其实践经验，是中国古代科学的瑰宝，也是打开中华文明宝库的钥匙。""中医药作为传统医药的杰出代表，是中华文明的瑰宝。"

中医药发祥于中华大地，亘古亘今一脉相承、与时俱进、兼收并蓄。其发展和丰富于我国各族人民几千年来的生产生活实践，蕴含着中华民族深邃的哲学思想。其体现了中华文明的历史脉络，反映了中华文明的传承创新发展，彰显了中华文明的连续性、创新性、统一性和包容性的鲜明特征。

中医药文化为中华民族认识和改造世界提供了深刻启迪，为中华文化的形成和发展作出了卓越贡献，也势必为构建人类卫生健康共同体贡献中国智慧。"仁、和、精、诚"是中医药文化的核心价值。"仁",体现了仁者爱人、生命至上的伦理思想,以救死扶伤、济世活人为宗旨,表现为尊重生命、敬畏生命、爱护生命;"和",体现了崇尚和谐的价值取向,表现为天人合一的整体观,阴阳平和的健康观,调和致中的治疗观,以及医患信和、同道谦和的道德观;"精",体现了医道精到,要求精勤治学,精研医道,追求精湛的医术;"诚",体现了人格修养的最高境界,要求心怀至诚于内,言行诚谨,表现在为人处世、治学诊疗、著述科研等方面贵诚笃端方,戒妄言妄语、弄虚作假。

在疾病防治和健康服务实践中,中医药基于整体观,注重人与自然、社会环境的协调,有助于提升人们对健康的全面理解,促进身心和谐统一;强调"治未病",未病先防、既病防变、病中防逆转、瘥后防复发,有助于提高公众的健康意识和自我保健能力,减少疾病的发生;讲究"因人、因时、因地"制宜,突出个体化治疗,有助于人们根据自身情况选择适合的健康管理方法,实现个性化的健康维护。其采用简便易行的技术方法,传统上多用膏、丹、丸、散、汤、酒、锭及食疗等内治法和针灸、推拿、刮痧、盥洗、熏蒸、敷贴等外治法,毒性反应和不良反应较小,易于被群众接受和应用。

　　中医药文化在核心理念层面与中华文化的同构性，在实践方法层面体现的群众性，使其成为我国独特而优秀的文化资源。传承和弘扬中医药文化，推动中医药健康养生文化的创造性转化和创新性发展，是促进健康中国建设、坚定中国特色社会主义文化自信的重要路径。

　　近些年，国家出台一系列有力政策措施，积极推进中医药文化工作。2016年2月26日，国务院发布的《中医药发展战略规划纲要（2016—2030）》提出："推动中医药进校园、进社区、进乡村、进家庭，将中医药基础知识纳入中小学传统文化、生理卫生课程，同时充分发挥社会组织作用，形成全社会'信中医、爱中医、用中医'的浓厚氛围和共同发展中医药的良好格局。"2016年12月25日，中华人民共和国第十二届全国人民代表大会常务委员会第二十五次会议通过的《中华人民共和国中医药法》在第六章"中医药传承与文化传播"中，对中医药文化传承传播提出明确要求。2019年10月20日，《中共中央 国务院关于促进中医药传承创新发展的意见》提出："把中医药文化贯穿国民教育始终，中小学进一步丰富中医药文化教育，使中医药成为群众促进健康的文化自觉。"2021年2月9日，国务院办公厅发布的《关于加快中医药特色发展的若干政策措施》要求"切实加强中医药文化宣传，使中医药成为群众促进健康的文化自觉"。2023年4

月 19 日，国家中医药管理局、中央宣传部、教育部、商务部、文化和旅游部、国家卫生健康委、国家广电总局、国家文物局八部门联合发布的《"十四五"中医药文化弘扬工程实施方案》提出："将中医药文化相关内容有机融入教师培训课程中，提高教师相关知识水平。推动各地开展内容丰富、形式多样的中医药文化进校园活动，建设校园中医药文化角和中医药文化学生社团，引导学生了解有关中医药文化的常识。"

"一起向未来"中医药文化系列丛书旨在遵循党和国家政策指引，响应时代要求和群众需求，推动中医药文化贯穿国民教育、融入群众生产生活，为中医药振兴发展厚植文化土壤，为健康中国建设注入文化动力，为新时代中国特色社会主义文化发展贡献力量。

该丛书面向青少年读者，致力打造立足实际、贴近生活、知识融会、趣味盎然的中医药文化科普读物，让读者更好地了解中医药文化，领略中华优秀传统文化的内涵，掌握健康养生理念，坚定民族自信和文化自信。

该丛书将中小学的语文、数学、历史、地理、植物、动物、科技等学科知识与中医药人物典故、经典名著、保健知识、中医传统文化等中医药文化知识相融合，形成让青少年朋友易读懂、重体验的中医药文化科普特色读物。每个分册都设有互动环节，比如猜一猜、学一学、练一练、植物探秘、训练营、小实验、时间轴拼图等生动有趣的板块，使青少年朋友在与书本内容的互动中，轻松了解中医药知识，在阅读、观察、记录和探索的过程中，激发他们对中医药文化的兴趣和认识，不断增强其对中华优秀传统文化的理解和敬重。

该丛书包括 11 本分册，即《"绘算"本草纲目》《神奇的艾草》《本草遇见科技》《本草小侦探》《寻节气本草缘（小学版）》《岐黄少年志（中学版）》《中医药十八般"武艺"》《"童"行传奇老字号》《知新诗草情缘（小学版）》《知新诗草情缘（中学版）》《变身小神医》，丰富多彩，各具特色。

希望该系列丛书能够成为广大青少年朋友成长道路上的良师益友，陪伴他们度过一段充满乐趣的阅读时光，在学习知识、增长见识的同时，收获自信和健康。

是为序。

方鸿琴

2024 年秋

内容提要

本书以生动有趣的方式，呈现了昆中药、鹤年堂、广誉远、广育堂、陈李济、方回春堂、九芝堂、同仁堂等17家百年以上老字号企业的传奇故事。从这些故事中，青少年朋友会了解到中医药不仅是科学，也是哲学文化，它关乎生命、健康和自然的和谐共生。此外，青少年朋友一定能深切感受到，它们不单是品牌的称谓，更是代表了一代又一代人的智慧、勇气和坚持。通过阅读本书，青少年不仅能感受到老字号诚信与品质至上的理念，还能体会到它们承担社会责任、推动传承与创新的使命担当，从而在心中播下传统与现代交融的种子。

17家 百年以上老字号企业的传奇故事

目录

昆中药

LAOZIHAO

大药厚德 疴瘵在抱

猜一猜

春城无夏亦无冬，四季如春百花荣。

（打一城市）

谜底是什么？

答案

昆明（春城）。小朋友们有没有猜对呀？让我们一同来到云南昆明，走进博采彝族、苗族、壮族等少数民族医药众家之长，汇集数百年昆明地区中医药的精华，拥有640余年历史的中华老字号——昆中药。

学一学

　　小朋友们，今天为大家讲一讲来自"彩云之南"云南的昆明中药厂的故事。昆明中药厂可是国家级非物质文化遗产代表性项目保护单位，还是我国五大中药老号之一哦！早在明洪武十四年（1381），从军医朱双美在昆明开设的"双美药号"开始，昆明中药厂成立距今已经有640多年，它见证了中医药在云南生根发芽的历史。

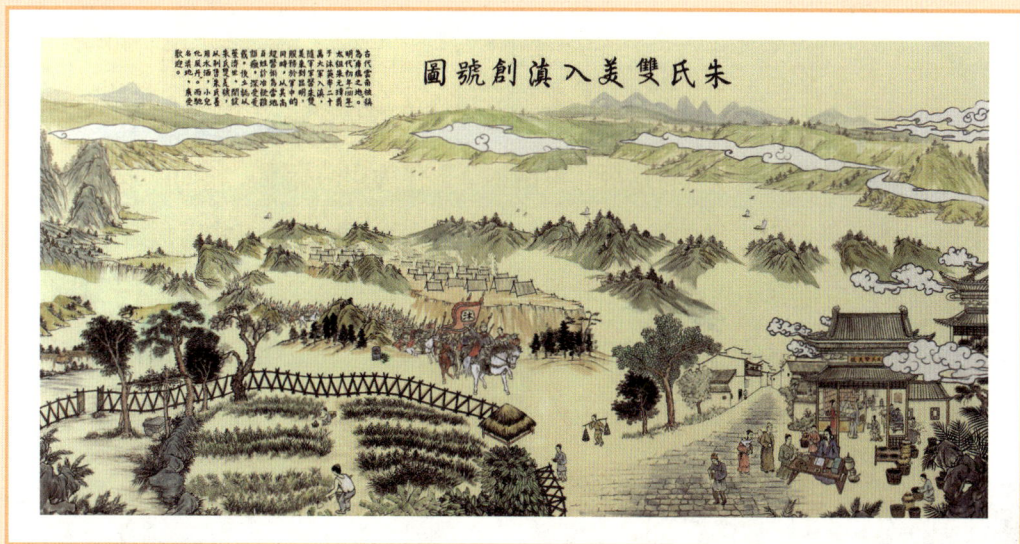

朱氏双美入滇创号图

　　清道光六年（1826），昆中药人采集云南的药材，使用《滇南本草》的配方，开设了体德堂，秉承"大药厚德、疴*瘝（tōng guān）在抱"的使命。昆中药各老号先后推出了"郑氏女金丹""再造丸""清肺化痰丸""阮氏上清丸"等很多疗效好，深受大家喜爱的中药。

---

*注："疴"同"恫"，病痛。

"疴瘝在抱"牌匾

清光绪丁亥（1887）仲冬，名医管浚对《滇南本草》进行了修订，共载药458种。此后，昆中药各老号均将这版《滇南本草》作为用药标准。长期以来，昆中药把中医药技术与云南丰富的民族医药和自然资源完美融合，博采南板蓝根、臭灵丹、红糖水炒山楂等彝族、苗族、壮族等少数民族药和民间用药经验之长，吸收创制出彝药百宝丹等名品。另外，昆中药根据云南的气候和地理特点，因地制宜地对传统中药进行改进，使其更加适合云南人民服用，并成为昆中药的独家特色。

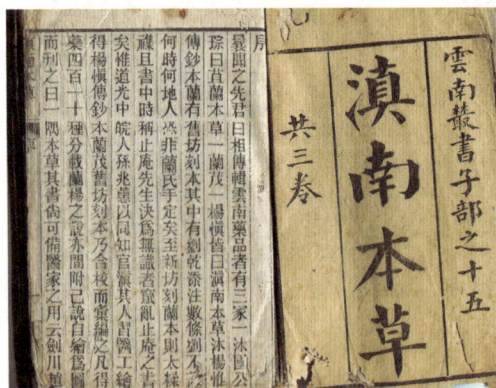

《滇南本草》扉页与序页

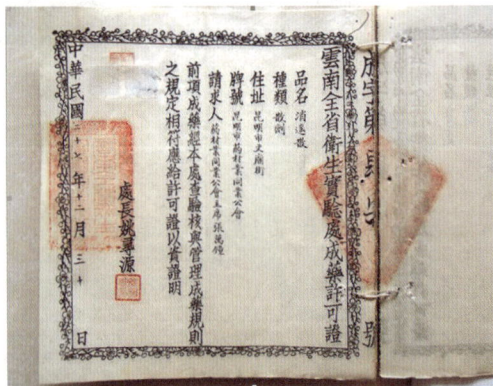

1938年获中华民国云南卫生实验处成药许可证

　　1954 年，昆明市人民政府卫生局从当地老药铺中筛选出 81 首药方，编成一本叫《八十一成方》的书，这里面包含了昆明地区中医药最精华的配方。它传承了古法的精髓，延续着精工修合的精神。这就是昆中药能够延续数百年的秘诀。数百年流传的中药炮制和制药技艺，一脉相传，从未间断。书里记载的炮、炒、煅、炙、丸、散、膏、丹等炮制和制药方法，代代相传。就这样，昆中药的医药知识和技术变得越来越厉害。

《昆明 81 种成药配方目录》封面

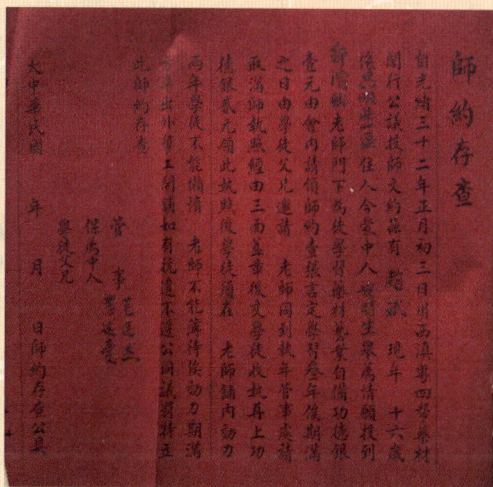

中华民国时期昆中药师承合约

　　1956 年，整个昆明中药业的 82 家药铺和 43 家行商合并为"公私合营昆明市中药材加工厂"，这就是昆明中药厂有限公司的前身。这使昆中药汇集了数百年昆明地区中医药的精华。从此，昆中药走上了整合发展、规范管理之路。

昆中药质检办公楼

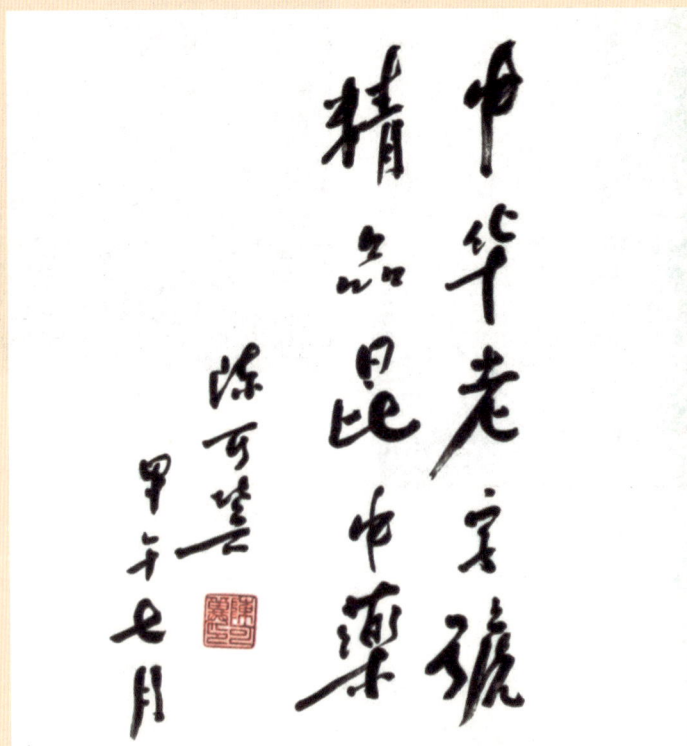

中华老字号
精品昆中药
陈可冀
甲午七月

中国科学院院士、国医大师陈可冀题词

　　"昆中药传统中药制剂"在2014年被列入国家级非物质文化遗产代表性项目名录，其中水叠泛丸是按照古老的方法制作，经过炼蜜、起模、成型、盖面、选丸、抛光等工序，将药粉变成一粒粒圆润光滑的药丸。以前有些药丸做出来大小不一，剂量也不准，昆中药的药工就想出用酒精来泛丸的方法。像党参、茯苓这些药材，含糖多、黏性大，用酒精泛丸正合适。酒精黏度小，还能完全挥发，对人体很安全。昆中药就这样传承创新出了酒精泛丸工艺，解决了一大难题。

老药工叠丸

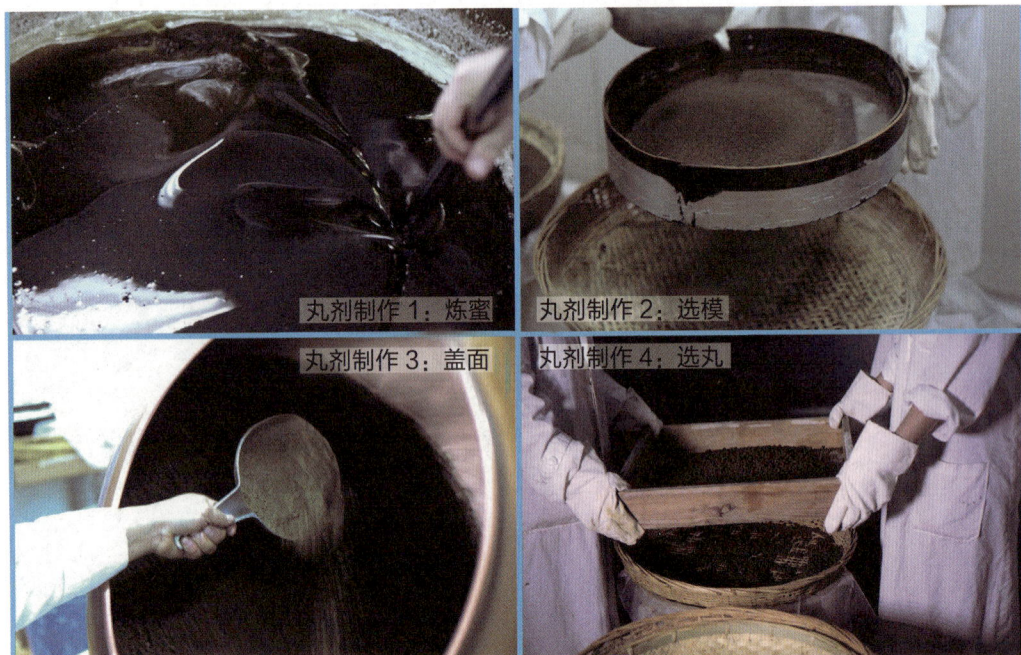

丸剂制作1：炼蜜　　　丸剂制作2：选模
丸剂制作3：盖面　　　丸剂制作4：选丸

昆中药丸剂手工制作的各道工序

　　昆明中药厂的标识"昆中药-如意花"，是由如意花、宝葫芦（金）、木、水、火、孔雀（土）6种图案组成的，展现了云南的独特风情。这一标识也体现了昆中药严守"厚德""精工""毋减"的药德药道，坚持"精工修合丸散膏丹，遵法炮制生熟饮片"的制药信念，谨遵"信、德、义"的商业信条；彰显了昆中药群英荟萃的数百年昆明中医药精华和艰苦奋斗的发展历程。其是云南中医药、民族医药的典型代表和我国南药的重要组成部分。

本草课堂

小朋友们知道文章中画线部位是什么吗?

《滇南本草》: 为云南地方性医药历史名著,全书共 3 卷流传于世,载药 458 种,是我国保存最为完整的地方本草专著。

民族医药: 是中国少数民族在历史上创造的医药成果的总称,是各民族认识生命、了解疾病、维护健康的实践结晶。广义的中医药是汉族和少数民族医药的统称。

练一练

非遗"药"知道

一、单选题

1. 昆中药最早的起源店"朱氏双美号"由谁创立?( )

    A. 沐英

    B. 管浚

    C. 朱双美

    D. 曲焕章

    (**答案:**C)

2. "百宝丹"是哪个少数民族的名药?( )

    A. 藏族

    B. 彝族

    C. 苗族

    D. 壮族

    (**答案:**B)

二、判断题

1. 昆中药最早的起源店"朱氏双美号"的创始人是随军入滇的军医。（　）

2.《滇南本草》是我国保存最为完整的地方本草专著。（　）

3. 昆中药是由"朱氏双美号"一家老药店发展而来。（　）

（**答案**：1. √；2. √；3. ×）

三、实操题

请小朋友们将以下昆中药的重要历史事件与相应的年份连线。

1. 朱双美开设"双美药号"	1954 年
2. 开设体德堂，使用《滇南本草》配方	1956 年
3. 管浚修订《滇南本草》	2014 年
4. 编成《八十一成方》	1826 年
5. "公私合营昆明市中药材加工厂"成立	1887 年
6. "昆中药传统中药制剂"被列入国家级 非物质文化遗产代表性项目名录	1381 年

（**答案**：1. 1381 年；2. 1826 年；3. 1887 年；
4. 1954 年；5. 1956 年；6. 2014 年）

鹤年堂

寿世养生　松鹤延年

LAONIANHAO

猜一猜

上联：云呈五色寿　下联：露湛九如松

（横批：？）

横批是什么？

答案

　　横批是"松鹤延年"。小朋友们，你们答对了吗？哪家老号的名称寓意着"松鹤延年"呢？对了，它就是北京现存的历史最悠久的中医药老字号"鹤年堂"，接下来就让我们一同走进具有 600 多年历史的传奇老号吧。

学一学

明永乐三年（1405），北京的菜市口见证了一个传奇——鹤年堂的诞生。它坐落于今天菜市口大街的古巷之中，紧邻着历史悠久的牛街，与丞相胡同隔街相望。鹤年堂是由一位才华横溢的回族诗人兼医学家丁鹤年，凭借着对生活的热爱与对医学的深厚情感，在70岁高龄时创立的。

鹤年堂牌匾

"鹤年堂"的名字暗藏深意，既寓意着长寿和健康，如同鹤般高洁而长久，也带有"松鹤延年"的吉祥祝福。在战乱纷扰的时代背景下，丁鹤年面对的患者大多是遭受战争造成外伤，或感染瘟疫，或是长期饥寒交迫引起虚弱症状。这些特殊经历使他在治疗这些病证上积累了丰富的经验。依托于祖传的验方，他所制的刀伤药、愈骨散、辟瘟汤等治疗和预防药物，效果显著，品种繁多。

时光荏苒，鹤年堂名扬四海，到了明嘉靖年间，"五鹤朝天"的辉煌成就标志着它在养生领域的卓越地位。鹤年堂的传奇历史是由几个家族的传承与守护编织而成的璀璨篇章：从1405年至1525年，丁鹤年家族以其医术和智慧，代代相传，共有四代人承担着鹤年堂的荣耀与使命；随后，曹蒲飒家族接续了这一重任，从1525年至1755年，他们不懈地继续着鹤年堂的传承和创新，经过230年、七代人的精心经营，鹤年堂被推向了新的高度；紧接着，王圣一家族从1755年至1927年，再次接过了这一历史的接力棒，他们以不变的执着和热情，历时172年，四代人共同书写着鹤年堂的辉煌与传奇；1927年西鹤年堂被"中药改革大师"、清室御医之后——刘一峰盘买；1956年，鹤年堂实现公私合营。每一代鹤年堂人，都以其独特的视角和贡献，为这座历史悠久的医药殿堂增添了更多的传奇色彩。现在的鹤年堂已经发展成为一个集团公司，涵盖了中医门诊、养生产品和连锁药店等多个领域，成为中医药养生文化的重要传播者。

西鹤年堂

在长达几个世纪的历史长河中，鹤年堂已经发掘整理了108种药膳、138种药粥、36种药酒、82种药汤等，在民间素有"丸散膏丹同仁堂，汤剂饮片鹤年堂"

新时期鹤年堂旗舰店门头

的美誉。其中绝大部分来自宫廷秘方和民间验方，组合成益寿药膳、滋补肺阴药膳等不同系列产品，像明嘉靖年间的"长生不老鹤年春酒"、万历年间的"秘制鹤年四宝酒"等都是鹤年堂独有的产品优势。

小朋友们听说过"戚继光抗倭凯旋题谢鹤年堂"的故事吗？戚继光（1528—1588）是明代抗倭名将、军事家，字元敬，号南塘，又号孟渚，山东登州（今山东蓬莱）人。明世宗年间，日本的海盗经常在我国东南沿海一带骚扰，到处抢掠财物，烧杀百姓。戚继光临危受命，组织训练了"戚家军"，奔赴沿海各地抗击倭寇。在冷兵器时代，一场战斗下来就会有大量抗倭勇士受刀枪之伤，加上南方沿海气候炎热而潮湿，战士们辗转各地，瘟疫等传染性疾病也时时威胁着"戚家军"。此时京城鹤年堂高举爱国忠义大旗，率先为"戚家军"送去了精制的"白鹤保命丹"等急救药、刀伤药及辟瘟药。戚继光率领部下连战连捷，令倭寇心惊胆战。从此，"戚家军"威震中国海疆，倭寇望风而逃，危害已久的倭患终被荡平。在这大大小小的战斗中，北京鹤年堂的"白鹤保命丹"等急救药、刀伤药和辟瘟药在戚家军南北千里征战倭寇的历程中发挥了重要作用，挽救了许许多多抗倭勇士的生命。明隆庆二年（1568）五月，戚继光被任命为都督同知，总理蓟县、昌平、保定三镇军务，领兵镇守北部边关。回到北京，戚继光特来到北京鹤年堂表示感谢，并欣然为鹤年堂写下了"调元气""养太和"的匾额。后来，戚继光又为鹤年堂题写楹联"撷披赤箭青芝品，制式灵枢玉版篇"，赞扬鹤年堂选取像赤箭（天麻）、青芝这样的优质药材品类，制药方式如同《灵枢·玉版》等古代医学经典所记载的那样严谨规范。这些匾额至今仍悬挂在北京鹤年堂正堂之上。

● "调元气""养太和"匾额

● 戚继光的赞美对联

从"医不三世，不服其药"的堂训及"仁德济世，播种健康"的行医宗旨可以看出鹤年堂人对中医药纯粹的坚守，这种"纯粹"体现为医者仁心，医者、匠者情怀，并不断感染着后来人。

本草课堂

小朋友们知道文章中画线部位是什么吗？

药膳：是在中医学、烹饪学和营养学理论指导下，严格按药膳配方，将中药与某些具有药用价值的食物相配，采用中国独特的饮食烹调技术和现代科学方法制作而成的具有一定色、香、味、形的美味食品。

元气：在中医理论中，元气是人体最根本、最重要的气，是生命活动的原动力。

练一练

非遗"药"知道

一、单选题

1. 丁鹤年凭借着对生活的热爱与对医学的深厚情感在哪一年创立了鹤年堂?（　）

　　A.1403 年

　　B.1405 年

　　C.1406 年

　　D.1407 年

　　（**答案：**B）

2. 鹤年堂在哪一年实现公私合营?（　）

　　A.1955 年

　　B.1956 年

　　C.1957 年

　　D.1958 年

　　（**答案：**B）

二、判断题

1. "鹤年堂"的名字暗藏深意，既寓意着长寿和健康，如同鹤般高洁而长久，也带有"松鹤延年"的吉祥祝福。（　）

2. 从 1405 年至 1525 年，丁鹤年家族以其医术和智慧，代代相传，共有四代人承担着鹤年堂的荣耀与使命。（　）

3. 戚继光为鹤年堂题写楹联"撷披赤箭青芝品，制式灵枢玉版篇"，至今已遗失。（　）

（**答案：**1. √；2. √；3. ×）

三、实操题

"撷披赤箭青芝品，制式灵枢玉版篇"楹联上的"赤箭"是哪味中药的别名？请小朋友们在正确的答案下画"√"哦！

灵芝　　人参　　天麻　　石斛
（　）　（　）　（　）　（　）

（**答案：**天麻）

广誉远

济生拔萃 修合致远

LAOZIHAO

猜一猜

这是什么？

答案

　　这是广誉远旧时包装的龟龄集产品。广誉远秉承"尊德贵生，传承创新"的企业理念，承载中医药文化。小朋友们，让我们一起走进这家拥有近500年历史传承的老字号，感受中医药文化的魅力和传承。

学一学

明嘉靖年间，山西襄垣县的名医石立生行医到太谷县城，为解决当地对医药的迫切需求，于 1541 年在钱市巷创立了广盛号药铺。石立生不仅以高超的医术悬壶济世，还以自配良药方便民众，因医术高且配药方便，使该药铺非常有名。由于石立生没有孩子，所以药铺后由太谷阳邑杜氏接手进行经营。在历史的长河中，广盛号药铺历经了多次的商号和厂名的变迁，先后更名为广升聚、广升蔚、广升誉、广升远，以及山西中药厂，最终在 2003 年确定名为"山西广誉远国药有限公司"。

在广盛号药铺成立之前，嘉靖皇帝的龟龄集方剂由道家方士邵元节、陶仲文炼制，历经变迁，最终传入广盛号药铺，龟龄集成为镇店之宝。2008 年，"龟龄集传统制作技艺"被列入国家级非物质文化遗产代表性项目名录。龟龄集含 28 种药材，整个制作过程需 99 道工序，有的部分工序复杂，有的药材甚至需反复炮制才可使用，而后再通过独特的传统升炼技术历时 49 天才能制得。同样属于国家级非物质文化遗产代表性项目名录的"定坤丹制作技艺"，其炮制的关键点就在于 30 味药配伍得宜，定坤丹也被历代医家称为配伍经典。

不论是龟龄集，还是定坤丹，广誉远在选料、炮制方面都严格执行高标准，这也是两药成名的原因。

1885 年，两广升时期的广升远药号以质量为先，尤其在药材市场上以严格的质量控制著称。中国香港分号在进货时坚持只选购优质药材，避免次品，以维护品牌声誉，即使在购买草药时也遵循这一原则。因此，在禹州和祁州这两大传统药市上，标有"广升远"字样的货物，买家无须检查即可放心购买。为确保成药质量，广升远更是选择最优质的原料和道地药材，这些严格的选材标准体现了广升远对药品品质的极致追求。

龟龄集说明书

定坤丹说明书

　　1956 年，公私合营有力推动了广誉远业务拓展与进步，为其筑牢根基。广誉远人始终遵循古训："修合虽无人见，存心自有天知。"他们通过精心制药、诚信经营，来呵护自身声誉。至今，广誉远中医药文化博物馆依然以匾额形式悬挂古训"非义而为，一介不取；合情之道，九百何辞"。从广誉远的故事可看出中医药是珍贵的遗产，有悠久的历史和无尽的智慧。小朋友们作为新一代的传承者，应持续学习并弘扬中医药知识，让更多人受益于中医药神奇的效果。中医药文化需传承发扬，使其绽放新光彩。

广誉远中医药文化博物馆

本草课堂

小朋友们知道文章中画线部位是什么吗?

配伍: 中药的配伍是根据病情的不同需要及中药的药性功用特点,有选择地将两种或两种以上的中药配合在一起应用。其中,有的药物配伍后会增进原有的疗效,如麻黄与桂枝、黄芪与茯苓、枸杞子与菊花、石膏与牛膝等;有的药物配伍能够减少或消除毒性反应和不良反应;若药物配伍不当则会降低疗效,甚至产生毒性反应和不良反应。

药市: 指在有历史渊源的中药材集散地定期举行的交易集市。历代形成的中药集散地有110多处,交易活跃的有安国、樟树、亳州、禹州"四大药市"。

练一练

非遗"药"知道

一、单选题

1. 广誉远在何地创立的?（ ）

A. 山西太谷

B. 河北安国

C. 安徽亳州

D. 浙江杭州

（答案：A）

2. 龟龄集需要多少道制作工序?（ ）

A. 28

B. 49

C. 69

D. 99

（答案：D）

二、判断题

1. 广誉远的创始人是阳邑杜氏。（ ）

2. 广誉远在 1956 年实现了公私合营。（ ）

3. "龟龄集传统制作工艺"与"定坤丹制作工艺"均被列入国家级非物质文化遗产代表性项目名录。（ ）

（**答案：**1.×；2.√；3.√）

三、实操题

请小药师们根据从"本草课堂"中学习到的中药配伍知识，在下边的处方中找一找哪些药物配伍后会增进原有的疗效，并将它们连起来。

处 方 笺

姓 名	×××	性 别	×××	门 诊 号	×××
科 别	×××	年 龄	×××	年 月 日	×××
临床诊断					

麻 黄　　石 膏　　枸杞子　　黄 芪

牛 膝　　桂 枝　　茯 苓　　菊 花

医师	×××	审核	×××	金额	×××
调配	×××	核对	×××	发药	×××

（**答案：**麻黄－桂枝；黄芪－茯苓；枸杞子－菊花；石膏－牛膝）

广育堂

LAOZIHAO

广济世 育众生

猜一猜

明末清初，济宁州创办了第一家全国性的连锁药店，它还是中国医药连锁的鼻祖。小朋友们，你们知道是哪家老字号吗？

是哪家呢？

答案

济宁州民间流传着"老运河，长又长，抓中药，广育堂；买竹器，竹竿巷；买酱菜，去玉堂……"的歌谣。小朋友们，你们猜对了，它就是广育堂。接下来就让我们一起走进广育堂吧。

学一学

"济宁州，太白楼，城里城外买卖稠。一天门，南门口，吃喝穿戴样样有。老运河，长又长，抓中药，广育堂；买竹器，竹竿巷；买酱菜，去玉堂……"济宁借助京杭大运河交通枢纽的重要优势，成为全国著名的大药材市场之一，这里曾经矗立着一座传承至今已有440余年历史的中医药老字号——广育堂。

明代广育堂大印

明万历六年（1578），"一体堂宅仁医会"创始人、明代御医徐春甫的得意门生李广育（原名李广瑜），游学到济宁，研究医方，凡有病者，投药即愈，在济宁父老的挽留下，创建了中医坐堂药铺广育堂。"广育"两字出自徐春甫著作《古今医统大全·螽斯广育》，寓意多子多孙，优生优育。

明万历十八年（1590），广育堂被太医院册定为宫廷用药特供药栈，并在孔府中设有分号。明末清初，广育堂已发展到连锁大小药号210多家。广育堂是中国历史上第一家全国性的连锁药店，是中国医药连锁的鼻祖。

　　乾隆七下江南，五次去祭拜孔子。1765 年，乾隆再次去孔庙拜谒，孔家把四季养生的滋补珍品二仙膏献给了乾隆，乾隆服用后精神大好，回京后下旨将二仙膏调到京城，钦定为御用滋补珍品。为了嘉奖广育堂，乾隆亲笔为二仙膏题名。从此，广育堂的名声更是响遍神州大地。

　　二仙膏是广育堂传承 440 余年的独有经典产品，为国家首批中药保护品种。"二仙膏制作技艺"入选国家级非物质文化遗产代表性项目名录，并入选国家传统工艺振兴目录。上品药材遵古炮制才能制作出上品膏方。制作二仙膏要经过选药、炮制、浸泡、发酵、煎煮、浓缩、收膏、熟化、品评、灌装等 13 道工艺，99 道工序。其组方科学、用材道地、炮制精致、功效神奇，以中医学"上医治未病"理论为支撑，既能治病又能保健，正是中医"治未病"的良药，实为养生上品。

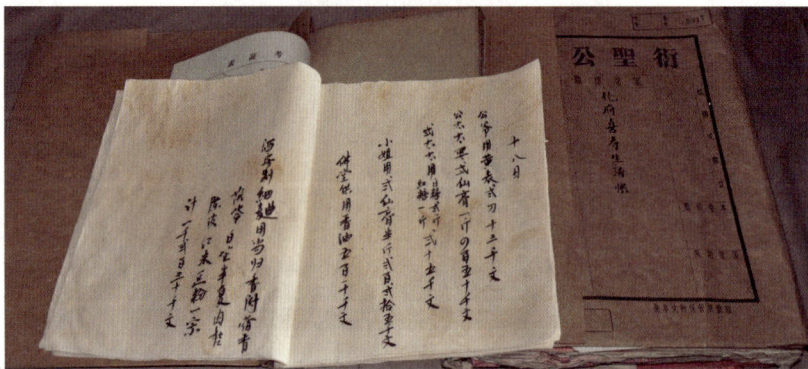

孔府档案二仙膏记录

　　"炮制是制药人的良心""炮制不到，中药无效。"中医就是靠仁心仁术的医生、道地的药材和炮制三项立足的。广育堂诊疗精益求精，药材务求道地，炮制务必勤工，义利相守，童叟无欺，广施于众。

　　广育堂在发扬传统工艺优势的基础上，结合现代生产工艺元素，走出一条"贯穿古今"的增效之路，将"广济世、育众生"的文化精髓传承下去。小朋友们也要弘扬中医药文化，振兴中医药事业。

本草课堂

小朋友们知道文章中画线部位是什么吗?

连锁药店: 是将有着共同经营理念、服务规范和完整质量管理体系的单体药店,在一个连锁总部的统一管理下,实现统一化、标准化、规范化的经营管理,形成覆盖面更广的规模进行经营。

上医治未病: 是中医的重要理念,最早出自《黄帝内经》。唐代孙思邈在《备急千金要方》里对它进行了更系统的阐述。"上医"指高明的医生,"治未病"指提前做好预防,不让疾病发生,而不是等生病了才去治疗。

练一练

非遗"药"知道

一、单选题

1. 广育堂的创始人是谁?（　）

A. 李广育

B. 徐春浦

C. 杜新磊

D. 孔府

（答案：A）

2. 二仙膏制作要经过多少道工艺?（　）

A. 12

B. 99

C. 13

D. 10

（答案：C）

二、判断题

1. 为了嘉奖广育堂，乾隆亲笔为二仙膏题名。（　　）

2. "广育"两字出自徐春甫著作《古今医统大全·螽斯广育》，寓意多子多孙，优生优育。（　　）

3. 明万历六年，广育堂被太医院册定为宫廷用药特供药栈。（　　）

（答案：1.√；2.√；3.×）

三、实操题

请各位小朋友们算一算。假如 3 家广育堂连锁药店，每家每天销售 10 瓶二仙膏，那么 3 家广育堂连锁药店 1 天共销售多少瓶二仙膏呢？

（答案：10 瓶 +10 瓶 +10 瓶 =30 瓶）

陈李济

LAOZIHAO

蜡丸匠心 和衷济世

猜一猜

小小圆球外有套，模样精致内藏药。

外面一层似蜡裹，久放不坏真奇妙。

谜底是什么？

答案

　　蜡壳药丸。小朋友们有没有猜对呀？在我国的南方，有一家历史悠久的老药铺，它秉持着古方正药的理念，历久弥新。它忠于信仰，为国奉献，就让我们一同走进这家拥有 400 余年历史的中华老字号——陈李济。

学一学

　　人无信而不立，诚信是陈李济的立业之本。关于陈李济的创业故事，还得从一场巧遇说起。

　　明万历年间，广东南海县商人陈体全携带大量银两乘船回广州，却不慎将货银遗落。幸运的是，货银被同船的医家李昇佐拾得。李昇佐不贪钱财，整天在码头等候，最终等到了四处寻找银两的陈体全，并将银两如数归还。陈体全对李昇佐的高尚情操和诚实品德深感敬佩，想要报答他，却被婉言谢绝。

汉民北路陈李济旧址

　　这次相遇使他们成为挚友，陈体全知道李昇佐精通医道，于是诚恳地拿出遗金半数投入李昇佐在广州省城大南门己未牌坊（今天的北京路）经营的中药店。两人经过一番商讨，为药店取名为"陈李济"。店名中首先是陈李各取一字，表示永久合作，同时也包含着"同舟共济"的意思。其次，办药店必须有"同心济世"的愿望，故又取一"济"字。陈李济就这样创立了。晚清时期，同治皇帝因陈李济的医药奇效，赐予"杏和堂"封号，这一称号在民国时期成为注册商标，至今仍被使用，因此陈李济又被称为"杏和堂陈李济"。

李昇佐公　　陈体全公

● 陈李济的两位创始人

　　清康熙年间，陈李济首创了"蜡壳药丸"工艺，采用蜡壳包装，以实现防潮、防虫、避光的效果，还能长期保存，不会使药丸变质。这个创新的发明，就像是给药丸穿上了一件神奇的外衣，让它无论走到哪里，都能保持最佳状态。蜡壳药丸的诞生，是医药界的一次技术革新，更是一次智慧的飞跃，它解决了长期困扰中药运输和保存的问题。

　　小朋友们，你们知道吗，小小一颗蜡丸需要历经煮蜡、串圆子、蘸蜡、锵壳、入丸、封口、剪蒂、盖印等8道手工工序才能够被制作出来哦！每一道工序都匠心独具，操作精细，有很高的技术含量！

蜡壳药丸工序

　　不仅如此，陈李济还有一个镇厂之宝——"百年陈皮"，制作它所用到的新会陈皮也是一味中药呢！人们会精心地挑选成熟的茶枝柑，然后用独特的加工技艺，把果皮变成上乘的优质佳品。陈李济陈皮甚至成为当时广东上贡给朝廷的贡品，达官贵人也以拥有它为荣。

百年陈皮

清末民初陈李济用于义务救火的消防车

1915年，广州发了大水，受灾很严重。陈李济把珍贵的百年老陈皮拿出来义卖，都说"一两陈皮一两金"，达官显贵们都抢着买。卖陈皮得到的钱，全部用来帮助了受灾的老百姓，这件事在当时成了人人称赞的美谈。陈李济始终不忘先辈的济世初心，由于他们做了许多的善举，在市民心中早已树立了陈李济"同心济世"的好形象。

陈李济凭借独特的炮制与制药技艺，推出各种良药，并逐渐形成了"火兼文武调元手，药辨君臣济世心"的制药准则。陈李济曾明文规定："本药行创设三百余年，所制各项丸药，悉遵古法及家传良方，采药必选道地，配制务依法规，是以按方服用，无不有效……"例如，陈李济一款中成药中所用的药材，虽在北方也有种植，但为确保使用道地药材，陈李济只选用岭南地区生产的。

1956年公私合营期间，陈李济作为主厂，吸收合并了神农、万春园等8家药厂及1家药社和蜡店，组成了"广州陈李济联合制药厂"，推动了企业的进一步发展。其产品，如追风苏合丸、乌鸡白凤丸、补脾益肠丸、上清丸等都非常受大家欢迎。

创建于明万历二十八年（1600）的陈李济，在数百年岁月长河中不断沉淀，如今已成为岭南中医药文化和广府文化的重要组成部分。2008年，"陈李济传统中药文化"被列入第二批国家级非物质文化遗产代表性项目名录。其长盛不衰的秘诀，源自"诚信、济世、守正、创新、奉献"这五大方面的深厚滋养和持续推动，铸就了一个跨越4个世纪的传奇，历经岁月洗礼，仍焕发着新的活力。

本草课堂

小朋友们知道文章中画线部位是什么吗?

蜡壳包装: 指先将蜡制成一个球形空壳,割开两个相连的半球形蜡壳,装入丸剂,再密封而成。

炮制: 是指制备中药饮片的一门传统制药技术,也是中医药学特定的专用制药术语,历史上又称"炮炙""修治"。

道地药材: 指具有明显地域性,因其生长环境适宜,品质优良,栽培及加工合理,历史悠久,生产规模较大,而质量优于其他产地的同种药材。

练一练

非遗"药"知道

一、单选题

1. 陈李济是谁创立的？（ ）

　　A. 陈体全

　　B. 李昇佐

　　C. 陈体全和李昇佐

　　D. 其他人

　　（**答案：**C）

2. 蜡壳药丸的发明主要是为了解决什么问题？（ ）

　　A. 药效不好

　　B. 容易霉变和药性挥发

　　C. 制作工艺复杂

　　D. 不便于携带

　　（**答案：**B）

二、判断题

1. 陈李济药店的创始人之一是明代的商人。（　）

2. 蜡壳药丸只需要 5 道工序就可以制作完成。（　）

3. 陈李济只有"百年陈皮"这一种产品为世人所赞誉。（　）

（答案：1.√；2.×；3.×）

三、实操题

请小朋友们按数字顺序将蜡壳药丸的工艺流程连线，然后选择右侧的颜色，为新会陈皮的来源植物茶枝柑涂上漂亮的颜色吧。

1 煮蜡　2 串圆子　3 蘸蜡　4 锣壳　5 入丸　6 封口　7 剪蒂　8 盖印

（答案：叶子涂绿色，果实涂黄色）

方回春堂

LAOZIHAO

本草之道 回春有方

猜一猜

这是什么？

答案

　　这是方回春堂的传统膏方技艺，它已被列入国家级非物质文化遗产代表性项目名录了。方回春堂的膏方到底有什么独特之处呢？下面让我们一起走进中华老字号——方回春堂，感受"本草之道，回春有方"。

学一学

坐落在我国浙江省杭州市历史悠久的河坊街上的中华老字号"方回春堂",始建于清顺治六年（1649）,据史料记载,由钱塘人士方清怡先生所创。"方回春"寓意为"逢凶化吉,妙手回春"。2001年,方回春堂顺应国家重视传统医药的潮流复馆。其以"名医好药"为本,举办传统民俗活动,奠定品牌地位,目前已开17家门店,完成在杭城布局,成为市民家门口的医馆。

方清怡

方回春堂

　　方回春堂以各种丸、散、膏、丹等精制成药而闻名。其中，秘制"小儿回春丸"，这个药的名字还有一个小故事哦！方清怡医生在行医时，一老一少两位妇人抱着发烧的男孩找他看病。方清怡仔细检查后，开了能够祛寒的方子和用蜜蜡封好的药丸，并交代服法，孩子吃了7天药病就好了。这孩子恰巧是钱塘县知县的孙子，知县很高兴，见药丸没有名字，就把药丸取名为"小儿回春丸"，还写了"妙手回春"横幅。从此，方清怡家的"小儿回春丸"在江南出了名。2001年，考古人员在方回春堂国药馆内的古井中，发现深埋300多年，标有药丸名的上百个小瓷瓶。这能显示出当时其丸、散、膏、丹制备技术高超，盛极一时。

小儿回春丸

回春古井

百余年间岁月变迁
唯有一口古井延存至今
精魂犹在，代代相传

　　方回春堂至今都遵守着"许可赚钱，不许卖假"的祖训。据说此祖训源于一次事件：当时方回春堂深得民心，生意红火，导致药材常缺货，而负责进货的王药师动歪脑筋，买些劣药以次充好，但很快被发现，方回春堂东家知道后震怒，彻查此事，开除王药师，并向顾客道歉，赠送好药材，得到顾客谅解。此后，方氏立下此祖训，让员工明白赚钱要赚良心钱，卖药要卖道地产区的药，中药讲究纯正道地，只有真正的道地药材才能有良好疗效。

方回春堂堂志

　　方回春堂始终采用传统中药炮制技术。其中，传承千年的膏方制作技艺尤为突出，其制作包括开方、配料、浸泡、煎煮、榨汁、沉淀、滤渣、浓缩、收膏等步骤。制膏传承人在熬制过程中全凭经验掌握火候，其中熬制成"滴水成珠"状态更是体现功力，非短期可练成，熬制所需时间短则一天，长则数日。

开方与配料　　　　　浸泡药材　　　　　煎煮清膏

榨取药汁　　　　　沉淀与滤渣　　　　浓缩与收膏

● 方回春堂膏方制作流程

　　厚积薄发才能源源不竭，常沐甘霖方使万象回春！方回春堂人兢兢业业，勤勤恳恳，用传统思想做传统中医，用新思维、新渠道推广国医、国药。

● 方回春堂

本草课堂

小朋友们知道文章中画线部位是什么吗?

膏方: 又称膏剂,属于丸、散、膏、丹、酒、露、汤、锭8种传统剂型之一,是一种具有高级营养滋补和治疗预防综合作用的成药。膏方是在大型复方汤剂的基础上,根据人的不同体质、不同临床表现而确立不同处方,经水煎煮浓缩后掺入某些辅料而制成的一种稠厚状半流质或冻状剂型。

滴水成珠: 是指膏方收膏时膏汁滴入清水中凝结成珠而不散。

练一练

非遗"药"知道

一、单选题

1. 方回春堂创建于哪一年?（ ）

A.1648 年

B.1649 年

C.1650 年

D.1651 年

（**答案：**B）

2. 方回春堂的秘制"小儿回春丸"在哪一带非常出名?（ ）

A. 江南

B. 北方

C. 西部

D. 东部

（**答案：**A）

二、判断题

1. 方回春堂是在民国时期创建的。（ ）

2. 方回春堂仅在杭州有一家分店。（ ）

3. 方回春堂的创始人是方清怡先生。（ ）

（**答案**：1.×；2.×；3.√）

三、实操题

请小朋友们将图中描述的画面与对应的膏方制作步骤连起来。

1. 　　　　　榨取药汁

2. 　　　　　煎煮清膏

3. 　　　　　浓缩与收膏

（**答案**：1.煎煮清膏；2.榨取药汁；3.浓缩与收膏）

九芝堂

LAOZIHAO

九州共济 芝兰同芳

猜一猜

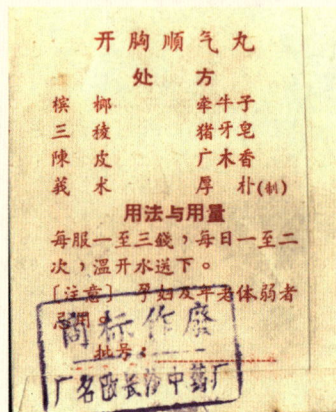

这是什么？

答案

　　这是一张九芝堂药厂的药品说明书，从它那斑驳的纸张上，仿佛能触摸到时光的痕迹，感受到它的悠久历史。接下来，我们将带领小朋友们穿越时光的长河，讲述九芝堂这个有着 300 多年历史的中医药传奇背后的故事。

学一学

　　九芝堂，一家承载着 300 多年历史传承的老字号，它的故事始于清顺治七年（1650）。江苏吴县人劳澄先生怀着一颗济世之心，踏上前往古城长沙坡子街的道路，面对当地民众的疾苦和疫病的蔓延，他毅然创立了一家无名药铺，并立下了"吾药必吾先尝之"的庄严店规，以此确保药效和用药安全。随着时间的流逝，劳澄的后人凭借对中医药的深情与执着，将这家小药铺逐步发展成为规模宏大的一家药铺。1775年，劳家第三任当家人劳禄久，根据"江苏洞庭劳氏长沙支宗卷草册"所载：劳澄绘《天香书屋图》，以图中"植双桂，桂生九芝"为灵感，创立了寓意长寿与健康的"劳九芝堂"。这家百年药铺，以其世代相传的秘制丸、散、膏、丹著名，其中紫金锭、八宝光明眼药、十全大补丸等产品，不仅遍布湖南，更远销至全国各地及海外。

九芝堂药铺

出口成药

九芝堂典籍与药瓶包装

　　"药者当付全力，医者当问良心"，这是九芝堂始终坚守的理念。至今，九芝堂还流传着许多守望初心的传承故事。抗日战争时期长沙"文夕大火"后，九芝堂毁于一旦，为了恢复营业，九芝堂从北方购进一批黄芪，由于战事紧迫，旱路不通，只能改走水路运往长沙。然而，当船抵达长沙时，满船的黄芪都因受潮而发霉了。当时，九芝堂资金紧张，药材紧缺，有人提出发霉的黄芪晒干后仍可药用。但是，九芝堂的经理明确指出："药者当付全力，医者当问良心！然黄芪之霉可晒干，吾辈良心却已霉矣。发霉的黄芪全部就地烧掉！"于是，九芝堂将一船黄芪在湘江边上就地焚烧，大火熊熊燃烧，烟雾滚滚，整整烧了一天一夜，场面十分壮观，围观者无不为九芝堂仁心良药、诚信为本的精神所打动。

中华人民共和国成立之初，在九芝堂生产"十全大补丸"时，缺少一味中药。当时九芝堂最后一任经理劳端生坚决表示不能生产。尽管门市部已经缺货很久，有人提议用其他药材替代或缺一味也无妨，以免流失生意，但劳端生坚决不糊弄顾客，不做假冒伪劣产品，硬是坚持了几个月，直到那味药材到货才开始生产。

"药者当付全力，医者当问良心"的店规，体现了九芝堂对药品质量的严格要求和对患者的高度负责。这种诚信为本的精神，是九芝堂能够历经数百年而不衰的重要原因之一。

除对成药原料的要求非常严格外，其制药加工操作更是相当考究，如八宝光明眼药中多种药材要使用水飞法反复研细，才可使患者眼膜不受刺激。熬制膏药时，其更是严格掌握熬炼火候，才能将制成的膏药有明如镜、黑如漆、热天不流汁、冬天不硬不脱、香味浓的优点。

九芝堂之所以能够取得成功，离不开它对匠心制药的坚持和传承。1956年，公私合营中以九芝堂药铺为主，合并多家药店，"九芝堂加工厂"成立，并设计启用了"芝"字牌商标。此后，其历经了多次厂名的变迁，最终在2004年定名为"九芝堂股份有限公司"，且一直沿用至今。2008年，"九芝堂传统中药文化"被列入第二批国家级非物质文化遗产代表性项目名录。如今，九芝堂历经300多年研磨积累，300多年薪火相传，300多年不懈努力，已成为一家现代化的企业。其产品六味地黄丸、归脾丸、逍遥丸等不仅在国内市场上赢得了极高的声誉，还远销国外，受到国际市场的广泛认可和欢迎。

九芝堂医馆

九芝堂中医药博物馆

本草课堂

小朋友们知道文章中画线部位是什么吗？

丸、散、膏、丹： 是中药的 4 种传统剂型。"丸"指圆粒状的药丸；"散"指研末的药粉；"膏"指外敷的膏药，也指内服煎熬成黏稠的成药；"丹"原指金石药炼制的成药，近代把部分精制的丸、散、锭等也称为丹。

水飞： 是利用粗细粉末在水中悬浮性不同，将不溶于水的药材与水共研，经反复研磨制备成极细粉末的方法，水飞法适用于不溶于水的矿物贝壳类等中药。

火候： 指药物加热炮制的时间和程度。

练一练

非遗"药"知道

一、单选题

1. 九芝堂名字中的"九芝"象征着什么？（　）

    A. 财富

    B. 力量

    C. 长寿和健康

    D. 智慧

    （答案：C）

2. 劳九芝堂最初是在哪里创立的？（　）

    A. 湖南长沙

    B. 江苏苏州

    C. 浙江杭州

    D. 安徽绩溪

    （答案：A）

二、判断题

1. 九芝堂的创始人是劳澄。（ ）

2. 九芝堂在 1956 年实现了私有化。（ ）

3. 九芝堂的药物研发全部基于现代医学研究。（ ）

（**答案**：1. √；2. ×；3. × ）

三、实操题

请小朋友将丸、散、膏、丹四种不同剂型的中成药连到正确的名称位置。

1.

丸剂

2.

散剂

3.

膏剂

4.

丹剂

（**答案**：1. 丹剂；2. 丸剂；3. 散剂；4. 膏剂 ）

同仁堂

LAOZIHAO

同修仁德　济世养生

猜一猜

御药房是清代宫廷专司皇室调制药品和煎药而设置的机构。小朋友们，你们知道供御药房药料的是哪家药店吗？

它是谁呢？

答案

哪家药店门前挂的古训是"炮制虽繁必不敢省人工，品味虽贵必不敢减物力"？你答对了，这就是同仁堂的圭臬。在北京的大街上有很多家同仁堂，我们不妨在身边找一找它的身影，看一看它的故事。

学一学

　　明代永乐帝朱棣迁都之际，乐氏由宁波迁来北京，经过几代人靠走街串巷行医卖药谋生，最终铃医乐良才定居北京。

　　北京乐氏第四世乐显扬秉性朴诚、居躬简约，喜阅方书，善辨地道药材。他认为："可以养生、可以济人者，惟医药为最。"其依据"公而雅"的寓意，以"同仁"两字为堂名，于清康熙八年（1669）创办同仁堂药室。清康熙四十一年（1702），乐显扬之子乐凤鸣在北京前门外大栅栏开设同仁堂药铺，采用"前店后厂"的形式。

北平同仁堂门西

　　乐凤鸣刻意精求丸、散、膏、丹及各类剂型配方，五易寒暑于康熙四十五年（1706）分门汇集成书，名为《乐氏世代祖传丸散膏丹下料配方》。该书收载宫廷秘方、经典名方、家传秘方、历代验方363种，为同仁堂制作药品建立起严格的

● 同仁堂老药铺

● 同仁堂大栅栏药店夜景

选方、用药、配比、工艺规范、质量观。"讲信义，重人和"的经营理念，以及"童叟无欺，一视同仁"的职业道德，形成同仁堂的品牌特有标记。

为了方便医家和顾客选购药品，乐凤鸣还把同仁堂出的药品编写成《同仁堂虔修诸门应症丸散膏丹药目》，简称《同仁堂药目》，提出"遵肘后、辨地产，炮制虽繁必不敢省人工，品味虽贵必不敢减物力，可以质鬼神，可以应病症。"此书广为流传，其中有药品的门类、名称、功能主治等。这不仅可以方便顾客，还可以防止别人冒用同仁堂的名义制售假药，便于大众进行监督。

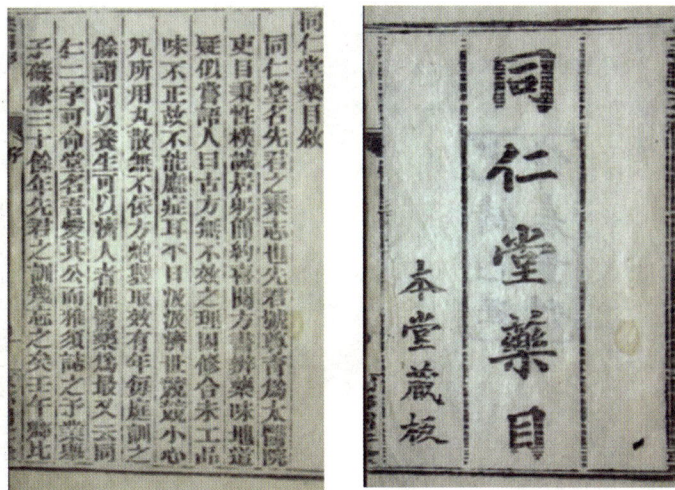

同仁堂药目

清雍正元年（1723），同仁堂的药正式被宫廷作为御用，雍正皇帝钦定由同仁堂供御药房所需药料，代制宫内所需各种中成药。这称为"承办官药"，又叫"供御药"。同仁堂遵照皇家挑选药材标准、恪守皇宫秘方和制药方法，形成一套严格的质量监督制度，历经8代皇帝长达188年的时间，成为清代唯一享此殊荣的药铺。

清政府为选拔贤能，每隔3年就要举行1次会试。普天下的举人都会涌入京城来参加考试。第十代传人乐平泉考虑到参加会试的举人来自全国各地，特别是有南方来的，他们到京城后必有水土不服的现象，难免要生灾害病，再加上暑热困扰，情绪紧张，万一病倒了误了会试，将要影响一生的前途。于是，每遇到会试之期，乐平泉便会向来自全国各地的举子赠送药品，这样同仁堂的药物和名声也就传播到了全国各地。除此之外，同仁堂还热衷于公益，兴办义学、冬设粥厂、夏送暑药。

清光绪二十六年（1900），义和团一把火烧了位于大栅栏的老德记洋货铺，火借风势，大栅栏地区成了一片火海，火舌扑上了同仁堂铺面前庭，眼看就要吞没挂在堂前的牌匾。

● 同仁堂老匾

这块写有"同仁堂"3个大字的牌匾，在堂前庄严悬挂了上百年，已成为同仁堂的象征，怎能让它毁之一炬呢？当时留守店堂的职工冒险冲进火海，抢救出了牌匾，并小心珍藏起来。大火过后，经过修整刷新的牌匾，重新被挂到了堂前，再次成为同仁堂的骄傲。

可惜的是，这块已成为历史见证、凝聚着同仁堂人情感与心血的牌匾因故遗失。现在悬挂的同仁堂牌匾，是著名书法家启功重新书写的。

清光绪二十七年，出现大疫，当时主持同仁堂家事铺物的许叶芬对同仁堂生产成药的质量并未放松。紫雪按古方配制在加工时需要用黄金百两，据传当时许氏就收集了家中各房金饰铸成百两，放在锅里煎煮，日夜守候。由此可见许氏严守古方操作要求、炮制药物一丝不苟的态度。

1954年，在北京乐氏第十三世乐松生先生的推动下同仁堂成为公私合营的先行者。1992年，同仁堂集团成立。2006年，"同仁堂中医药文化"被列入第一批国家级非物质文化遗产代表性项目名录。2014年，"同仁堂中医药文化（传统中药材炮制技艺）"入选第二批国家级非物质文化遗产生产性保护示范基地。2014年，"安宫牛黄丸制作技艺"被列入国家级非物质文化遗产代表性项目名录扩展项目名录。

● 国家级非物质文化遗产代表性项目"同仁堂中医药文化"

● 同仁堂集团

同仁堂大兴生产基地"智能工厂"，采用智能机器人技术和自动化质控设备，实现了从生产制造向智能制造转型。

智能工厂

小朋友们，始创于清代的同仁堂药店能做到让我们在现代的商场、大街上随处可见，是不是很厉害？同仁堂认真做事，"炮制虽繁必不敢省人工，品味虽贵必不敢减物力"，守正创新，千古一诺，保证药品质量。小朋友们也要把这种"同修仁德，济世养生"的传统一直传承下去！

本草课堂

小朋友们知道文章中画线部位是什么吗?

《同仁堂药目》: 相当于现代的药品介绍,载明药品的重要信息,是选用药品的指南。

肘后: 这里的"肘后"指的是《肘后备急方》。肘后,意思是放在手肘后,随时可拿起来翻看。本书记载了各类急性病及某些慢性病急性发作时的治疗方药、针灸等方法,其中蕴含着极为丰富的医学与护理学思想,还保留了众多至今依旧行之有效的经验、方法和技术。

练一练

非遗"药"知道

一、单选题

1. 哪一位建立了第一家同仁堂药铺？（ ）

A. 乐良才

B. 乐显扬

C. 乐礼

D. 乐凤鸣

（**答案：**D）

2. 同仁堂是在何年何地创立的？（ ）

A.1669 年北京

B.1669 年南京

C.1702 年北京

D.1702 年南京

（**答案：**A）

二、判断题

1. 乐显扬是同仁堂的创始人。（　）

2. 1702 年，乐显扬在北京大栅栏开设同仁堂药铺。（　）

3. 同仁堂"供御药"历经 8 代皇帝长达 188 年。（　）

（**答案：** 1. √；2. ×；3. √ ）

三、实操题

小朋友们，让我们一同走进身边的中药店，去观察哪些中药调剂工具是传承至今且药师们仍在使用的呢？请在相应的图案下画"√"哦。

铜冲
（　）

戥子
（　）

药碾
（　）

药柜
（　）

算盘
（　）

铡刀
（　）

雷允上

LAOZIHAO

丸丹精诚　允诺苍生

猜一猜

他们在干什么？

答案

　　这是雷允上的药工们运用传统泛制法在制备水丸。这个传承百年的中医药老字号，不仅坚守着传统的智慧与精神，更在全球舞台上以创新姿态演绎着传统与现代的和谐交响，见证并推动着中医药文化的传承与发展。

学一学

在风景如画的江南水乡苏州，坐落着一家历史悠久的老药铺——雷允上。这家传奇药铺的故事始于清雍正十二年（1734），其创始人为吴门名医雷大升，字允上，号南山。在行医数十载中，雷大升研究并吸收吴门医派精华，集医药于一身，对中药丸、散、膏、丹都进行研究。清雍正十二年，其在苏州阊门内专诸巷开设一家中药店，招牌为"雷诵芬堂"，销售自产成药，并以他自己的字"允上"在店内挂牌坐堂行医。由于医术高明，治病有方，自己研制的成药疗效显著，于是"雷允上医生"名闻苏州，远近皆知。后来，人们都称"雷诵芬堂"为"雷允上"。

● 雷大升

● 雷诵芬堂

经病方论　丹丸方论　要症方略　金匮辩证

雷大升著书

　　雷大升在长期临床诊疗与制药实践中，结合自己的中医药研究成果，撰写了《金匮辨证》《要症方略》《丹丸方论》《经病方论》4 部医学著作。

　　江南地区易发瘟疫，疫情蔓延导致周边民众苦不堪言。为此，雷允上经过多次反复研制、不断调整配料种类和剂量，终于合成了一味中成药。因为该药以 6 味名贵药材配制而成，因此得名"六神丸"。雷允上的六神丸 1000 粒重量仅有 3.125g，其微丸制作工艺及配方被纳入国家绝密项目，制作过程复杂，药工通过起模、成型、打光等一系列流程，采用传统"泛制法"，从而使微丸具有圆整度、光泽度高及崩解速度快的特点。直到现在，现代机器仍无法完全取代这种工艺。它已不仅是一种药品，还代表着雷允上的智慧和对医学的贡献。2008 年，"雷允上六神丸制作技艺"被列入国家级非物质文化遗产代表性项目名录。

　　1937 年"七七事变"后日本全面侵华，常熟沙家浜是新四军在抗日战争中的重要根据地。许多抗日战士在前线受伤，因条件艰苦，药品匮乏，很多伤员生命垂危甚至牺牲。雷允上诵芬堂得知后与新四军联系，为其送去大量六神丸等药品。六神丸不仅是清凉解毒、消肿止痛的妙药，在抗感染方面效果也奇佳，是中药中的"抗生素"，当时让很多伤口感染的战士及时获得救治。这段历史展现了雷允上诵芬堂对抗日的贡献，也体现了战争的残酷和艰辛，以及六神丸的重要作用。

　　1956 年，雷允上积极响应国家号召，率先参与公私合营的改造。在这个过程中，雷允上苏州总号与上海分号分家，各归当地政府经营管理。雷允上的后人更是将六神丸的秘方无私地献给了国家。

雷允上中医馆

　　"精选道地药材允执其信，虔修丸散膏丹上品为宗"始终是雷允上恪守的祖训。多年以来，雷允上也一直遵循祖训，成功研制出被称为"国字一号"的健延龄胶囊，以及灵宝护心丹等极具特色的中药产品。雷允上的故事是中华医药文化的一个缩影。它不仅是一个品牌的故事，更是中医药非遗文化传承的典范。雷允上集团的发展历程，展现了中医药在传统与现代之间的完美融合，也告诉人们无论时代如何变迁，坚持和创新始终是成功的关键。

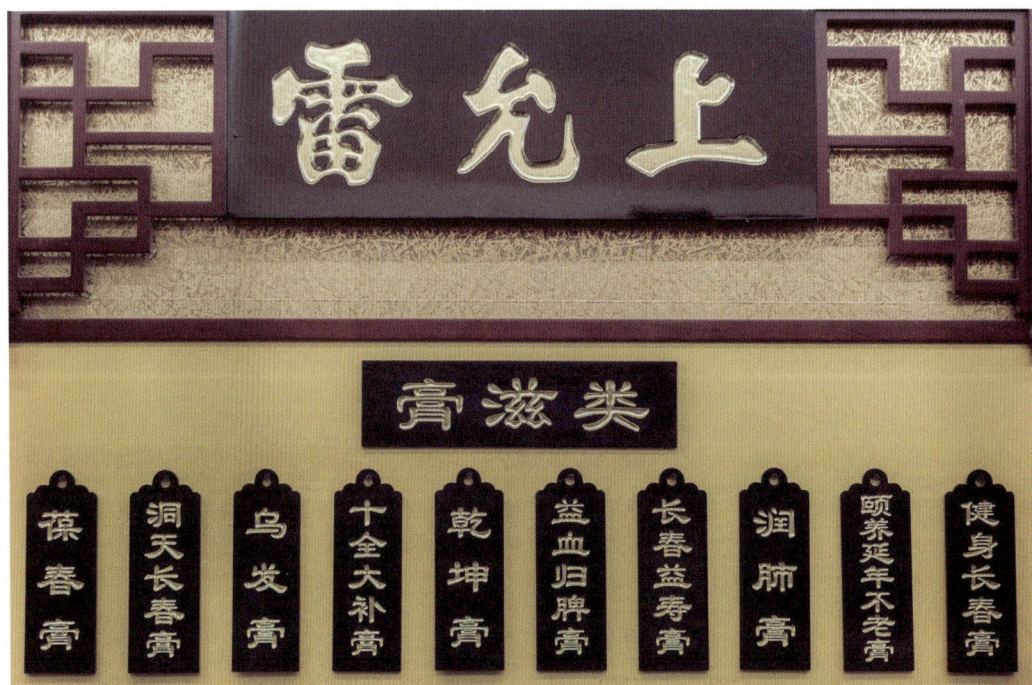

雷允上膏方

本草课堂

小朋友们知道文章中画线部位是什么吗？

微丸：是指直径 0.5 ～ 1.0mm 的球形或类球形固体剂型，也可装入胶囊、压制成片剂，或制成其他制剂。微丸是一种多单元口服剂型，通常单次给药的药量为几十至几百个小丸。

药工：这里指古时从事中药技术的一线工作人员，也是现代中药师之古称或俗称。

泛制法：指药物细粉与水或其他液体黏合剂（黄酒、醋等）交替润湿，撒布在适宜的容器或机械中，经手工或机械不断翻滚，逐层增大的一种方法。制成的水丸既可小如芥子，又可大如豌豆。

练一练

非遗"药"知道

一、单选题

1. "雷允上"药店最初在哪个城市开设？（ ）

　A. 苏州

　B. 上海

　C. 江西

　D. 北京

　（答案：A）

2. "雷允上"药店因哪种产品而闻名？（ ）

　A. 八宝红灵丹

　B. 安宫牛黄丸

　C. 六神丸

　D. 玉枢丹

　（答案：C）

二、判断题

1. "雷允上"药店最初的名字是"雷诵芬堂"。（　）

2. "雷允上"药店的产品只在苏州有名，没有在其他地方传播。（　）

3. 六神丸采用微丸技艺。（　）

（**答案：** 1. √；2. ×；3. √）

三、实操题

假设你是一名小小药工，现在请你用手边的橡皮泥制作出属于自己的微丸吧。记得用直尺仔细测量微丸的直径，用电子秤称量它的重量哦！

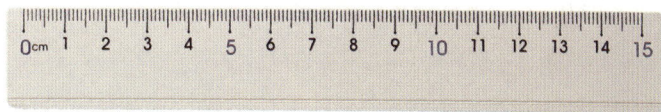

童涵春堂

LAOZIHAO

古方新创 沪上生香

猜一猜

船出长江口，大江向东去。

（打一座城市名称）

谜底是什么？

答案

上海。小朋友们有没有猜对呀？让我们一同来到上海，走进上海本土历史最悠久的国药老字号——童涵春堂。

学一学

童涵春堂创始于清乾隆四十八年（1783），到今天已有 240 余年的历史。童涵春堂恪守"童叟无欺、涵和理中、春生万物、堂堂正正"十六字堂训，既承载了选材道地、遵法炮制、修制务精、食养双修的中医药国粹传承，也体现了守正创新、悬壶济世的品牌精神与使命追求。

● 童涵春堂国药号

童涵春堂沿袭了千年中医药体系的传承，其自制的人参再造丸、祛风活络酒，以及半夏"似蝉翼"、附片"飞上天"等中药饮片，还有其他丸、散、膏、丹等，受到全国及东南亚地区人们的欢迎，名声大得很。为了让更多人知道童涵春堂，创始人童善长在药盒子上写了一个大大的"童"字。像"童半夏""童胆星""童厚朴"这些名字，既是告诉人们童涵春堂的东西质量好，也是对售出药品负责的保证。如此一来，童涵春堂的名气也就越来越大了。到了1874年，童家的人请了苏州的状元陆润庠题写"童涵春堂"的金匾，并将此匾挂在店里；还请人设计了"涵春图形"的商标，一直用到现在。

清末童涵春堂店面

　　童涵春堂的人参再造丸，是他们家的"明星"单品，上海本地人都听说过。这个药的配方，是根据宋代官方的医书总结出来的。药名的由来：郭子仪平定了安史之乱，有"再造唐室之功"，童氏借用了这个历史典故，寓意此药就像给人的体质"再造"了一样，所以这个药叫人参再造丸，意思是它能帮人恢复体力，就像获得新生一样。这个药对那些受了寒湿，关节痛、手脚麻木、半边身子动不了的患者特别有帮助，以前在上海滩可是声名大噪呢！

　　2023 年，童涵春堂利用古方新创和现代科技结合，让经典的人参再造丸焕发新活力，推出了"涵春再造人参膏"。这个新产品深入发掘了传统秘方的精华，既保留了人参再造丸的核心价值，又根据现代人的生活方式、体质和需求，对老方子进行了创新和改进。同时，他们把传统的熬制方法和现代的浓缩技术结合起来，展现了这个老品牌在科技和研发方面的不断进步。

　　1890 年，童涵春堂的第四代掌门人童祥权对中药切片的制作方法和切片的厚度进行了改进。大家特别喜欢改进后的中药切片，人们都叫它"童薄片"。以前的中药切片都挺厚的，厚度一般在 2mm 以上，但"童薄片"就薄很多，厚度不到 1mm，这样更容易让药效成分被煎煮出来，甚至将"童薄片"放在嘴里就能化，不用煮，特别方便。100 多年过去了，"童薄片"的制作方法还是代代相传。童涵春堂特别注重中医的传承，还专门开了一个"海派炮制特色技艺传承工作室"，师傅们亲自教徒弟，1 个徒弟要学至少 2 年，练习 2000 个小时，才能切出合格的"童薄片"。到了 2022 年，"童薄片"还被认定为上海市黄浦区的非物质文化遗产呢。

童薄片

童涵春堂紧跟时代的步伐，不断推出新产品。他们和上海中医药大学建立了一个联合实验室，专门研究中药古方和现代科技结合，预防疾病和调理慢性病，特别是用人参研发出了好几个系列的新产品，还给这些产品申请了专利。他们还参与了制定一些关于药食同源和药膳食品标准的工作，认真履行着老品牌的职责。童涵春堂还发布了《人参及野山参与国民健康》白皮书，给大家提供了一些行业内的思考和理论支持。未来，童涵春堂还会把传统的中医药和现代科技结合起来，在古法的基础上再造辉煌，开发更多适合现代人用的健康产品。

中药博物馆——人参娃娃

本草课堂

小朋友们知道文章中画线部位是什么吗?

童叟无欺: 意思是既不欺骗小孩也不欺骗老人,指买卖公平。

非物质文化遗产: 指被各社区、群体,有时是个人,视为其文化遗产组成部分的各种社会实践、观念表述、表现形式、知识、技能,以及相关的工具、实物、手工艺品和文化场所。

练一练

非遗"药"知道

一、单选题

1.童涵春堂创始于何时？（　）

A. 康熙年间

B. 乾隆年间

C. 嘉庆年间

D. 道光年间

（答案：B）

2.童涵春堂的"明星"中成药是以下哪个？（　）

A. 养阴清肺丸

B. 人参再造丸

C. 六味地黄丸

D. 十全大补丸

（答案：B）

二、判断题

1. 童涵春堂的标志是"涵春图形"。（　）

2. "童薄片"被认定为上海市黄浦区非物质文化遗产。（　）

3. 童涵春堂发布了《人参及苦参与国民健康》白皮书。（　）

（**答案：** 1. √；2. √；3. ×）

三、实操题

小朋友们，试着和家长说一说，你们知道童涵春堂第四代掌门人是谁吗？他做了哪些大事？

（**答案：** 童涵春堂的第四代掌门人是童祥权。他把中药切片的制作方法和切片的厚度进行了改进，创造出"童薄片"。"童薄片"已被认定为上海市黄浦区的非物质文化遗产。）

隆顺榕

LAOZIHAO

卫药『隆顺』惠世寿人

猜一猜

小朋友们知道"海河"吗？

（它位于哪座城市）

> 隆顺榕位于
> 哪座城市？

答案

老字号"隆顺榕"位于我国四大直辖市之一的天津，与海河位于同一座城市，历史悠久。小朋友们，让我们一同走进隆顺榕药局，去感受它的传奇魅力吧！

学一学

1833年农历四月二十八日，天津隆顺榕药局在北门外针市街开业，由卞家迁津后代卞楚芳创办。店主卞楚芳为江苏武进县人，卞家原经营津城隆顺榕棉布庄，因卞楚芳酷爱医学，自研丸、散、膏、丹，疗效显著，遂在亲友支持下开办药局。卞楚芳学名树榕，药店的字号沿用了卞家布号"隆顺"两字，又将"榕"字缀在其后，取名"隆顺榕药局"。

以"榕"字缀入商号，有两个喻义：一是怀念创业衷曲，济世寿人，期事业永保勿替；二是取榕树枝繁叶茂，扎根大地，泽及四方之意。隆顺榕始终以此鞭策、警示后人，行医卖药，惠泽民众。

卞家系有名富绅，所售药品均沿古方自制，选料真、配料细、疗效好、货全物美、货真价实，很快生意兴隆，被誉为天津"卫药"代表。"卫药"的特点是"猛、快、便、廉"。经过近20年的发展，原来的一间门店不敷应用，1852年，卞楚芳将东邻3家店铺兑入，修葺成通店门面，并将药局更名为"隆顺榕药庄"。

清光绪九年（1883），卞楚芳去世。1917年，卞楚芳的曾孙卞俶成从美国学成归来，他用自己学到的知识和技术接管了隆顺榕药庄，并把隆顺榕建成一座3层大楼，店铺的生意更加兴隆。

1952年，隆顺榕率先完成公私合营，于竹竿巷2号成立了中国中药史上第一个国药提炼部，开始了中药传统剂型改革的大胆创新和尝试，即将丸、散、膏、丹改制成片剂、液剂等中药新剂型。1957年，隆顺榕药庄更名为天津中药制药厂；1967年，更名为天津第一中药厂；后又经几次更名，于2003年恢复"隆顺榕"老字号，现名为津药达仁堂集团股份有限公司隆顺榕制药厂。

经过几代人的呕心沥血，近200年持之以恒的努力，隆顺榕已发展成为天津中药行业的代表企业。1994年，"隆顺榕"被认定为国家首批中华老字号企业；

针市街隆顺榕药庄大楼

2012年，"隆顺榕"商标被认定为中国驰名商标；2014年，"隆顺榕卫药制作技艺"被列入第四批国家级非物质文化遗产代表性项目名录；2018年，"隆顺榕卫药制作技艺"被列入国家首批"传统工艺振兴计划"。现主要产品为紫龙金片、金芪降糖片、癃清片、内消瘰疬片、藿香正气水、精制银翘解毒片等。

隆顺榕卫药制作技艺蕴含天津地域特色，包含了大量中药炮制技法，技艺独到精湛，炒、浸、泡、炙或烘、晒、切、藏均十分考究。如在药材处理方面特设"卫刀"房，专切粗壮之药；需要蒸煮的药物会用钵体密封连续沸煮4个昼夜以上，以使药力渗透性增强。尤以藿香正气水、银翘解毒片等为代表的传统制剂，其方剂均源于古代，再通过"冷渗漉""低温静置""秘调制"等卫药工艺，使药物发挥出最佳药力。其通过独特、大胆的炮制技艺，使道地药材更地道，达到同方不同力，这些技艺是天津乃至全国劳动人民长期与自然融合的智慧结晶。

在隆顺榕藿香正气水的剂型改革中，炮制、渗漉、兑制等环节，始终遵古法而制。改古方，依古法：隆顺榕将原散方中的半夏曲改为生半夏，白术改为苍术，增强了药材的药力和药效。以生半夏为例，生半夏的毒性较大故先用冷水浸泡，每日换 3 次水，泡至膨胀透心，再加干姜水煮数次，在制作过程中将其毒性去除，较直接使用半夏曲或清半夏等药性更佳。其还采用现代蒸馏技术，将广藿香和紫苏叶中的挥发油提纯收集，以精油入药，使药物的有效成分得到充分浓缩。

隆顺榕藿香正气水被誉为"滴出来的中药"，呈现了时间与药材作用下的药效，也印证了中华传统中药存续千年所积累的经验和智慧，历久弥新。

● 隆顺榕藿香正气水荣获 1979 年国家
　质量奖银质奖章（最高奖项）

本草课堂

小朋友们知道文章中画线部位是什么吗?

冷渗漉: "渗漉"是我国传统中药药物提取方法,隆顺榕采用独特的"冷渗漉"是指全部渗漉过程需要在温度相对恒定的环境条件下进行,而不采取更为快捷方便的高温加热提取。其中隆顺榕的藿香正气水渗漉过程包括拌、焖、压、渗、滴 5 个操作步骤,这样可以使药材的有效成分被浸出得更为完全,渗出的溶剂利用率更高。

低温静置: 静置是我国古代药物制作的常用方法。古老中成药生产由于条件限制,均采用常温静置,周期较长,且静置后的溶剂易在低温环境下贮存产生沉淀。隆顺榕早在生产传统丸、散、膏、丹、露、酒时,便专门建设地窖,不惜成本高价采购冰块置于地窖中,以保持静置的低温环境。

练一练

非遗"药"知道

一、单选题

1. 隆顺榕药局的创始人卞楚芳最初经营的是什么生意？（　）

　　A. 药局

　　B. 棉布庄

　　C. 饭店

　　D. 铁匠铺

　　（**答案：**B）

2. "隆顺榕"在哪一年被评为中华老字号企业？（　）

　　A.1993 年

　　B.1994 年

　　C.1995 年

　　D.1996 年

　　（**答案：**B）

二、判断题

1. 隆顺榕药局最初是由卞楚芳的祖先在清康熙五十四年（1715）于天津创立的。（ ）

2. 在隆顺榕藿香正气水的剂型改革中，炮制、渗漉、兑制等环节，始终遵古法而制。（ ）

3. 2012 年，"隆顺榕"商标被认定为中国驰名商标。（ ）

（**答案：** 1. ×；2. √；3. √）

三、实操题

小朋友们，根据"本草课堂"学习到的藿香正气水渗漉操作步骤知识，请你们按照正确的渗漉过程为下列的步骤排序，把正确的排序序号填在括号里吧。

1. 滴　　2. 焖　　3. 压　　4. 拌　　5. 渗

（ ）→（ ）→（ ）→（ ）→（ ）

（**答案：** 42351）

LAOZIHAO

马明仁

雪浸丹熔　仁心孝世

猜一猜

宝玉出走要分开。

（打一城市）

谜底是什么？

答案

　　西安。西安是陕西省的省会，古称长安，是世界四大古都之一，有着深厚的文化底蕴。让我们一同来到陕西西安，走进拥有 160 余年历史的中华老字号——马明仁。

学一学

　　小朋友们，今天我们来到古城西安，了解一家传承中医传统外治黑膏药技法的中华老字号——马明仁。马明仁膏药最早以"马氏膏药"命名，由河南骨病名医马六懿先生在结合先贤骨病外治方法和独创的马氏制膏技艺的基础上，于清咸丰十年（1860）创立。后因战乱原因，马氏家族及其创办的"马氏药铺"于清光绪三十年（1904）从河南巩县迁徙至陕西西安延续经营。至今，马明仁膏药已传承六代，时间超过160年。

　　马明仁膏药的六代传承人，精研医术，德行高尚，且富有爱国热情，其家族世代恪守"仁心孝世""三治三不治"的祖训。所谓三治："鳏寡孤独者，必治；其身清正者，必治；为国为民者，必治。"所谓三不治："贪官污吏者，不治；为富不仁者，不治；祸国殃民者，不治"。

● 中华人民共和国成立前马明仁膏药外包装上的老印章

● 马明仁膏药铺牌匾

● 马明仁膏药

　　民国二十五年（1936）抗日战争初期，第三代传承人马明仁先生获邀为杨虎城将军治疗腰疾，并得到赞誉"喝五日汤药，不如一贴马明仁膏药"。在杨虎城将军的建议下，"马氏药铺"更名为"马明仁膏药铺"，"马氏膏药"改名为"马明仁膏药"，成就了一段杏林更名的佳话。

　　在抗日战争时期，时局动荡，流民无数，马明仁先生广施仁术，对穷困者分文不取。于右任先生听闻后，非常感动，于民国二十八年（1939）重题"仁心孝世"匾额，赠予马明仁先生。抗日战争时期，马明仁先生曾多次委托故友，分文不收，秘密为陕北送去大量膏药等药物，为缺医少药的红军战士解除筋骨痹证的痛苦。

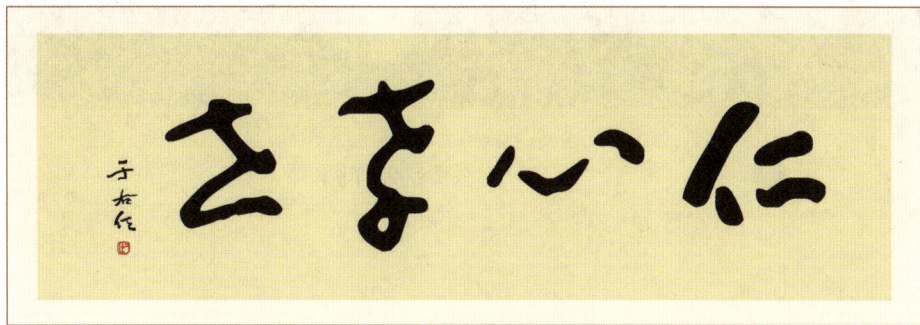

于右任重题"仁心孝世"

　　马明仁膏药的制作程序复杂，既有对中国传统黑膏药"油丹成膏"技艺的继承，也有独到的创新发展。

　　自"马氏药铺"搬迁至古城长安经营后，马明仁先生结合陕西本地草药特色，融会当地医家之长，以铁牛七、金牛七等陕西太白山特有的道地药材作为君药，"七药"数味入祖方。同时，其逐渐总结提炼出以"雪浸丹熔"之法为核心的制膏技艺，以独创的"雪浸法"进行祛毒炮制，以香油提炼，通过"五枝搅拌""滴水成珠""火上下丹""祛火毒祛燥邪""丹熔升华""水浴融化"等程序步骤，祛毒留效，助升药力。选料、浸泡、升华、炼油、下丹、祛火毒、祛燥邪、启封、摊涂，步步考究，才能最终制成一张"黑如漆、明如镜、冬不脆、夏不流"的传统黑膏药。

中医膏剂制作图

2014年,"马明仁膏药制作技艺"被评定为国家级非物质文化遗产代表性项目。

雪浸炮制法

丹熔细料

　　中华人民共和国成立后，马明仁膏药的传承人克服阻碍与困难，继承和梳理家族的祖传古法制膏技艺，在全国开创直营与加盟的新发展模式，恢复家族原有"马明仁膏药铺"的字号与载体。现在，马明仁膏药的第六代传承人马绪斌还建立了太白山马明仁膏药制作技艺传习基地，为中医药爱好者讲述中医药文化故事，传授马明仁膏药古法技艺基础技能，让人们切身感受到非遗的魅力，吸引更多人关注中医药行业。

马明仁膏药传习基地

　　马明仁膏药坚守家族"仁心孝世"的理念，即"以爱己之心爱人，则尽仁"（北宋思想家张载名句）的情怀，并将其集中体现在对膏药制作技艺的不懈追求及对产品质量的严格把控方面。马明仁膏药既传承了中医"内病外治，外病外治，辨证施治"的传统古法外治技艺和独特医学价值，又弘扬和践行了中医养生保健的文化与内涵。

本草课堂

小朋友们知道文章中画线部位是什么吗?

君药: 是中医方剂中针对主病或主证起主要治疗作用的药物,是方中不可或缺且药力居首的药物。

雪浸法: 是马明仁膏药的独特古法技艺,为更好地处理太白山部分草药的毒性,在药材熬制前,取天上之水(冬天以雪为宜,其他季节则用雪水化之),化药中之毒,留药中之效。

五枝搅拌: 是马明仁膏药的独特古法技艺,在提炼过程中,用桃、桑、槐、柳、榆 5 种树枝搅拌,将树木的精华融入其中,以助药性,长药力。

练一练

非遗"药"知道

一、单选题

1. "马氏药铺"由谁创立?( )

A. 马六懿

B. 马金福

C. 马明仁

D. 马树印

(答案：A)

2. 下列哪项不是马明仁膏药独特的古法技艺?( )

A. "七药"入祖方

B. "雪浸丹熔"

C. "五枝搅拌"

D. "朱砂为衣"

(答案：D)

二、判断题

1. 马明仁膏药创立于陕西省西安市。（ ）

2. "马氏膏药"是在杨虎城将军的建议下更名为"马明仁膏药"的。（ ）

3. "仁心孝世"是马明仁膏药的祖训。（ ）

（**答案**：1.×；2.√；3.√）

三、实操题

在马明仁膏药独特的古法工艺中，"五枝搅拌"使用的是哪5种树枝，小朋友们还记得吗？它们的原植物也非常漂亮！小朋友们，你们能认出它们吗？

	我是谁 （答案：桃树）	小知识： 桃花明艳，桃子香甜。你们知道桃核里面的桃仁和桃树的树枝都是中药吗
	我是谁 （答案：桑树）	小知识： 桑树浑身是宝，除了好吃的桑椹，桑树的叶子、嫩枝和树根的外皮也都是中药哦

续表

	我是谁 （答案：槐树）	**小知识：** 槐树的花朵和果实可作为中药使用，另外槐花炒鸡蛋是夏天限定的美食哦
	我是谁 （答案：柳树）	**小知识：** "万条垂下绿丝绦"的柳树自古为人们所喜爱，同时柳枝也可作为中药使用哦
	我是谁 （答案：榆树）	**小知识：** 榆树的树枝和树皮可作药用，果实因像古代铜钱，故名"榆钱"，其可是春天限定的美食哦

胡庆余堂

LAOZIHAO

积善余庆 「戒欺」为怀

猜一猜

在东南亚一带，当地的华裔商圈将一位晚清商人奉为"财神"，小朋友们，你们知道他是谁吗？

他是谁呢？

答案

民间流行着"古有先秦陶朱公，近有晚清胡雪岩""经商要学胡雪岩，当官要学曾国藩"的说法。小朋友们，你们猜对了，他就是胡雪岩。接下来就让我们一起走进胡雪岩创办的传奇老号——胡庆余堂。

学一学

胡庆余堂的创始人胡雪岩（名光墉，原籍安徽绩溪，寄籍浙江杭州），生于清道光三年（1823），虽然从小家境不好，但他心中一直充满希望从未放弃。于是，他在杭州的"信和钱庄"开始了他的第一份工作。多年后，他自己开了"阜康钱庄"，从此开始了他的成功之路。

清同治十三年（1874），"红顶商人"胡雪岩在杭州吴山脚下斥巨资开设了胡庆余堂国药号。筹建期间，胡雪岩就召集江浙名医以宋代皇家药典《太平惠民和剂局方》为基础，收集整理散落在民间的古方、验方、秘方，经验证有效，分类研制成丸散膏丹、胶油酒露。胡庆余堂开业那天，胡雪岩还在营业大厅的门楣上，挂上了一块特殊的匾额"药局"，这在全国绝无仅有。

胡庆余堂国药

"真不二价"牌匾

但是，胡雪岩的生活并不总是顺风顺水。有一年，因为外国商人的联合抵制，他在丝绸生意上损失惨重。他的钱庄也由于资金问题倒闭了，胡雪岩因此抑郁而逝。胡庆余堂的故事从1899年开始变得千磨百折，那一年，胡家为了偿还债务，不得不将胡庆余堂转给了一个叫文煜的皇族。虽然如此，胡庆余堂的精神并没有消失，在胡家和文家的共同努力下，胡庆余堂继续为人民服务。

1911年，辛亥革命爆发，胡庆余堂也面临了新的挑战。但是，一群有心人（施凤翔、应棠春等人），合资收购了胡庆余堂，让这个老药铺焕发了新的生命力。岁月流转，胡庆余堂经历了无数风雨，从一家独资的小药铺，逐渐变成了合股经营的大企业。1955年，胡庆余堂迎来了一个新的时代——公私合营，开启了新的篇章。1966年，胡庆余堂更名为杭州中药厂，1972年又更名为杭州第一中药厂。1979年，它恢复了老名字——胡庆余堂制药厂。1988年，胡庆余堂古建筑被列为全国第三批重点文物保护单位，开始筹建中药博物馆，让更多人了解这个老药铺的传奇故事，并于1991年正式对外开放。

随着时代的发展，胡庆余堂这家百年老店已经发展成为一家集中药材种植、饮片加工、中成药制造、功能性食品与日化产品生产、中医与中药连锁、新零售与互联网医疗、中药研发等于一体的现代化中医药产业集团。2006年，"胡庆余堂中药文化"被列入国家级非物质文化遗产代表性项目名录。"胡庆余堂国药号"也被商务部认定为首批中华老字号。

在《胡庆余堂雪记简明丸散全集》中，冠有"胡氏"处方字样的方药就有数十个，如胡氏秘制益欢散、胡氏秘制镇坎散、胡氏痧气夺命丹、胡氏神效如意保和丸等。在制药过程中，胡庆余堂也是孜孜以求。如斋戒沐浴做"辟瘟丹"、金铲银锅制"紫雪丹"、密室诵诀碾"龙虎丸"；在制剂上保留了炼丹、泛丸、吊蜡壳等传统技艺；拣切药材也十分讲究，如麻黄要去节、莲子要去心、肉桂要刮皮、五倍子要去毛、炮制大黄要九蒸九晒等。这些传统技能，经过一代代技艺精湛的药工之手，在胡庆余堂的特定空间中，一脉相承地延续了下来。

　　胡氏秘制"辟瘟丹",是胡庆余堂的招牌药,由 74 味药材组成,每一味都要选用道地上等原料,其中有一味叫石龙子的药,俗称"四脚蛇",其原料是一种随处可觅的爬行动物,以杭州灵隐、天竺一带的"铜石龙子"为最佳。其外形为金背白肚,背上纵横一条黄线。为了采集"铜石龙子",每年入夏,胡庆余堂的药工,偕师带徒,一起赴灵隐、天竺捕捉。久而久之,连灵隐寺的僧人也熟知这一惯例,只要听说胡庆余堂来抓石龙子了,便会提供方便,沏茶引路。

　　胡庆余堂对中药的"较真",近似于苛刻,丝毫来不得半点马虎。《戒欺》提到了"修制务精",这"精"到底精细到什么程度呢?

　　据古方记载,"局方紫雪丹"是一种能够镇惊通窍的急救药,胡雪岩着手研制,投入不少名贵药材,却疗效不佳。他毅然决定重制,召集了诸多名医,众人却面面相觑,无一对策。有一位老药工欲言又止,胡雪岩见状虚心讨教,老药工忱忱而言,据他祖父相传,做紫雪丹须用金铲银锅,如用铁锅铁铲熬拌,高温下其中几味药会与铁起化学反应,殃及质量。胡雪岩当场拍板,召集金银巧匠采办黄金和白银,分别铸成金铲银锅。

　　"戒欺"匾是胡雪岩亲笔所书,被挂在厅堂里面,不是面向顾客,而是面向堂内所有员工。

　　现如今胡庆余堂不仅是一家药铺,还是杭州的一个标志。其以真诚面向全世界。它是中医药文化的宝贵遗产,更是我们所有国人的骄傲。

本草课堂

小朋友们知道文章中画线部位是什么吗?

金铲银锅: 是胡庆余堂为解决紫雪丹药效问题打造的工具，以金银制成，能避免药材与铜铁反应，保证药效纯正和品质稳定。

蜡壳: 蜡壳是用于包裹中药丸剂的一种外壳。蜡壳的主要成分通常是蜂蜡或其他适宜的蜡质材料，药用标准的蜡具有纯度高、熔点适中、化学稳定、密封良好且无毒无害的特点。

练一练

非遗"药"知道

一、单选题

1. 胡庆余堂的创始人是谁?（   ）

A. 胡雪岩

B. 胡一刀

C. 胡同

D. 胡庆余

（**答案**：A）

2. 胡庆余堂在哪一年正式实行公私合营?（   ）

A.1955 年

B.1966 年

C.1979 年

D.1980 年

（**答案**：A）

二、判断题

1. 胡雪岩因为外国商人的联合抵制而在丝绸生意上亏损。（　）

2. 胡雪岩是在清朝康熙年间创办了胡庆余堂。（　）

3. 胡庆余堂一直使用原名运营。（　）

（**答案**：1. √；2. ×；3. ×）

三、实操题

小朋友们，请将几滴蜡油滴在白纸上，并用小勺涂匀，冷却后，将水分别滴在白纸上和蜡层上，看一下会出现什么现象，为什么会出现此种现象呢？

（**材料**：一小瓶蜡油，一小瓶水，一张白纸，一个塑料小勺）

（**答案**：水在蜡层上不会扩散，在白纸上会扩散。因为水与蜡没有亲和力，在水的表面张力的作用下容易形成水珠的形状，所以在蜡层上不会扩散。）

天齐堂

LAOZIHAO

齐集百草　遵术效法

猜一猜

全国中药四大帮，京帮发源于北京市，川帮发源于四川省，建昌帮发源于江西省，小朋友们，你们知道樟帮发源于哪里吗？

樟帮发源于哪里呢？

答案

江西省。中药炮制界流传着"木通不见边，白芍飞上天"的说法。它就是江西"樟帮"。接下来就让我们一起走进樟帮老号"天齐堂"吧。

学一学

老中药铺模型

　　樟树地处江西省中部，鄱阳湖平原南缘，跨赣江中游两岸，是我国著名的药材集散炮制中心，是中药炮制的发祥地，享有"药不到樟树不齐，药不过樟树不灵"的美誉。樟帮药业始于东汉时期，药祖葛玄在樟树阁皂山采药炼丹，开创了樟帮药业的先河。他在阁皂山行医炼丹整整 11 年，在炼丹的水土选择，对药物药性疗效识别、鉴定、加工炮制等方面积累了经验，是樟树中药材加工炮制的创始人。南宋著名药师侯逢丙来樟树设药加工，开店经营，奠定了樟帮药业的基础。明代，从袁河赣水流域扩大到长江、珠江两大流域，完整的樟帮药业发展体系逐渐形成了。江西樟帮有 1800 多年的历史。樟帮中药炮制，不论是炒、浸、泡、制，还是烘、晒、切、藏均十分考究，独树一帜，并逐渐积淀起特有的樟帮文化，尤其在中药材加工炮制技艺方面独具一格，具有鲜明的地方特色。2008 年

6月，樟树药俗被列入国家级非物质文化遗产代表性项目；2013年，中国中药协会命名樟树为中国药都；2014年11月，天齐堂成为国家级非物质文化遗产——樟树中药炮制技艺项目保护单位。

清光绪五年（1879），天齐堂樟帮炮制技艺创始人之一袁福昌，在樟树药店拜师学艺，学习8年之久。他能以摸其质，拾其重，观其形，尝其味，嗅其气，吸其声，来分辨药材品种、来源、真伪、优劣、质级，有时甚至可以白天不用开包，晚上不用点灯，只要走近药旁，就能识别药材，人称"药精袁"。

学有所成后，他在湘潭的街口租了一个小店，购置一些用具，用以前学徒时所了解的进货渠道，轻车熟路地购进各种药材，于清光绪十三年（1887）开办了"袁氏天齐堂药店"，开展前店施诊卖药，后店炮制加工的经营模式。1964年9月，第五代传人袁万典为了祖传的中药炮制技艺不失传，带着第七代传人袁小平去湖南湘潭袁家祖传的"天齐堂"从事中药炮制，手把手地教他家传的中药炮制技艺。2002年，袁小平在樟树成立天齐堂中药饮片有限公司。

樟树的药以"齐"著称，天齐堂的"齐"生动地诠释了这一点。有一次，长沙一位患者急需一味中药配药，跑遍了北京、上海、成都等多个大城市都没买到，最后竟然在湘潭的天齐堂药店买到了。这位患者感慨地说："天齐堂的药果然齐！"

天齐堂对中药炮制素有"术遵岐伯，法效雷公"之训，体现了《雷公炮炙论》之"十七法"和《本草蒙筌》之"三纲""九法"。在长期的继承实践中，其将古人之经验，各派之成就相结合，注重"三个结合"，即技术、工艺结合，技术、工艺与药性结合，技术、工艺与临床应用结合。在药性和用药归经上，其应用"三个不同"，即用不同的辅料和方法，不同的炮制程度，达到不同的临床应用要求。如童尿泡马钱子、鳖血柴胡、豆腐珍珠等独创自己的一派风格。天齐堂坚持用中医药理论指导下的经典方法，坚守药为医用、药为病用之旨。

　　天齐堂始终坚持把中药炮制质量放在首位，将"做好药，做良心药"的价值观念贯穿至每个天齐堂人心中，切实把好原材料采购关、快速检测关、企业管理关三关。"艾叶事件"充分说明了这一点。2004年，公司购进了一批艾叶，打开包装准备加工时发现有霉变现象，有人主张晒一晒再加工，袁小平知道这种霉变了的艾叶即使晒了，也很难保证应有的疗效。于是，其将此次购进的艾叶全部销毁，经济损失30余万元。

　　樟帮特色炮制方法：炒、浸、泡、炙或烘、晒、切、藏均十分考究，独树一帜。炮制工具、辅料和工艺独具一格。

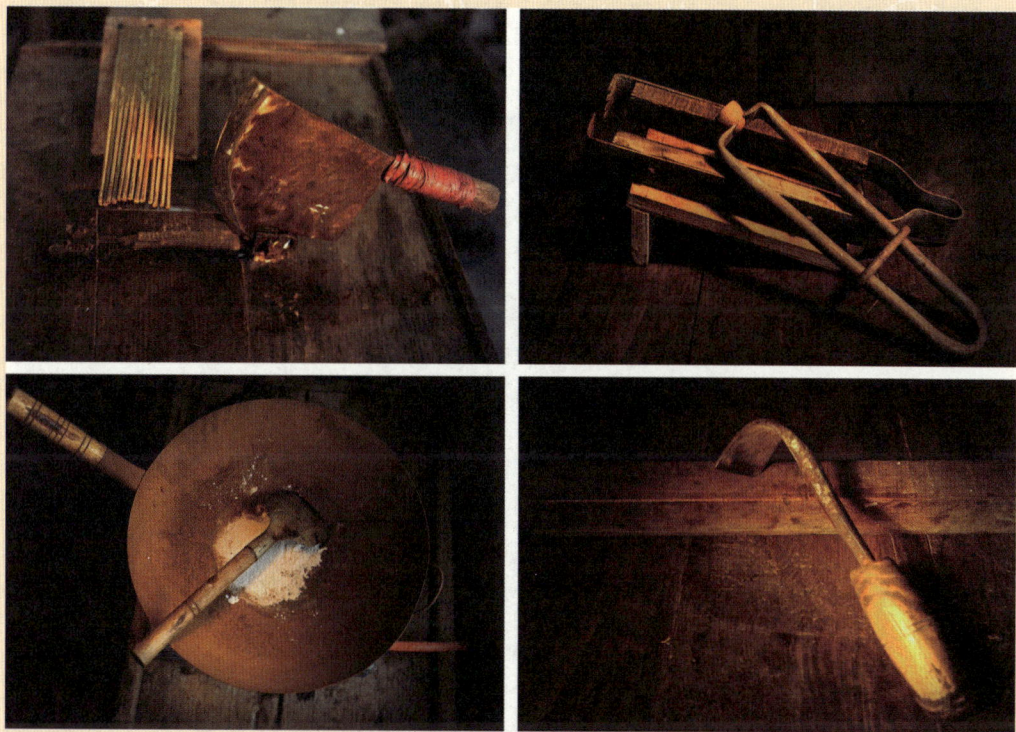

炮制工具

　　主要工具有铡刀、片刀、刮刀、铁锚、碾槽、冲钵、蟹钳、鹿茸加工壶、压板和硫黄药柜等。最显著的特点，就是用刀。樟帮的刀具以铡刀、片刀、刮刀为主，尤其是片刀、铡刀面小口薄，轻便锋利，被称为"樟刀"。其可将1寸长

● 切白芍

● 白芍飞上天

的白芍切成 365 片，片片薄如蝉翼，临风欲扬，有"白芍飞上天，木通不见边，陈皮一条线，半夏鱼鳞片，肉桂薄肚片，黄柏骨牌片，甘草柳叶片，桂枝瓜子片，枳壳凤眼片，川芎蝴蝶双飞片，槟榔切 108 片，1 粒马钱子切 206 片（腰子片）"的说法。"木通不见边，白芍飞上天"被药界同行誉为"鬼斧神工、不类凡品"。

樟帮炮制辅料非常讲究，包括固体辅料、液体辅料。其尤能发挥土特产优势。如酒制，樟帮都选用当地名酒，酒炒以糯米甜酒为主，酒洗以白酒为主，酒蒸用封缸酒；醋制用陈年米醋；蜜炙用橙花蜜汁；米炒用糙米；土炒用灶心土等。历来人们均反映"樟树中药炮制，辅料讲究地道，归经如择，用量适度，疗效增强"。

中药饮片

樟树有一种常见药材，叫陈皮，实际上就是橘子皮。樟树人吃橘子是直接把橘子左右剥开，转 90°，再左右剥开，就像用刀对橘子前后一刀，左右一刀，将橘子皮剥成四片花一样，然后用剪刀一剪，就成了三角形。本来到了这里，应该就完成了，可以直接入药，但是樟帮对待中药炮制有精益求精的态度，因为橘皮成了三角片后容易鼓起来，为了更美观好看，樟帮人还会把它铺开堆叠以后，用铡刀切细，细至可穿针引线。也就是说，这味药从药效上没什么能下功夫的方面了，樟帮人就要在更美观漂亮上下功夫，力求完美。总之，樟帮人头脑里想的就是，每味药都要做到比别人更强、更好。

本草课堂

小朋友们知道文章中画线部位是什么吗？

《雷公炮炙论》： 是南北朝刘宋·雷敩所撰中医学著作。此书为我国最早的中药炮制学专著，原载药物 300 种，每药先述药材性状及与易混品种区别要点，别其真伪优劣，是中药鉴定学之重要文献，也是中国最早的制药专著。

炮制辅料： 是对中药饮片有辅助作用的附加物料，即遵循中药复方配伍的原理和临床用药的需求，通过炮制这一工艺手段和辅料本身的作用，影响或改变中药某些方面的性能。

练一练

非遗"药"知道

一、单选题

1. 天齐堂的创始人是谁？（　　）

　A. 袁福昌

　B. 袁万典

　C. 袁小平

　D. 葛玄

　（**答案：** A）

2. 天齐堂中药饮片有限公司在哪一年正式成立？（　　）

　A. 2008 年

　B. 2014 年

　C. 2002 年

　D. 1964 年

　（**答案：** C）

二、判断题

1. "艾叶事件"是为了保证中药质量销毁了霉变的艾叶。（　）

2. 袁福昌是在清光绪年间创办了天齐堂。（　）

3. 袁福昌是在江西樟树创办了天齐堂。（　）

（**答案**：1. √；2. √；3. ×）

三、实操题

请把下列相对应的中药饮片进行连线。

1.　　　　　2.　　　　　3.　　　　　4.

白芍飞上天　　　　木通不见边　　　　黄柏骨牌片　　　　甘草柳叶片

（**答案**：1. 木通不见边；2. 白芍飞上天；3. 甘草柳叶片；4. 黄柏骨牌片）

同济堂

同心济世　黔耀仙灵

LAOZIHAO

猜一猜

天空连阴雨，何时可放晴？

（打一城市）

谜底是什么？

答案

　　贵阳。小朋友们有没有猜对呀？让我们一同来到贵阳，走进贵州省第一家中华老字号医药企业——同济堂。

学一学

　　"同济堂"这个名字是怎么来的呢？话说130多年前，贵州虽然因为药材好而出名，但是因为交通不方便，经济也不发达，中药的制作和买卖市场很混乱，老百姓生病了找医生和买好药材都挺困难的。那时候，贵阳的一些有眼光的乡绅们觉得药业太落后了，就想着为家乡的人民做点好事。清光绪十四年（1888），唐炯（字鄂生，曾任清朝矿务大臣、云贵总督）和于德楷（字仲芳，曾任清朝知县）两人合资2000两银子，开办了同济堂药铺，取"同心协力，济世活人"之意，其店设在贵阳正新街（原地址名为"黑羊井"）。

同济堂老店

　　同济堂从一开始，就坚持以"购药须出地道，制作必须精细，配售必依法度"为原则。在黄紫卿负责药铺的时候，他们做了一个写着"一言堂"的金招牌，挂在店里，意思是"货真价实""童叟无欺""不言二价"。然后他们到处采购，专门卖正宗的药材。同济堂所售药材品种全，质量好。黄紫卿对中药的制作特别讲究，坚持"遵古炮制"，一点儿也不马虎。他们还免费向乡亲们发放烫伤药、刀伤药、阳和膏。同济堂用的包装纸上，都印着药名、性味、归经、功效、用法和禁忌，分量一点都不差，这样药铺信誉越来越好，名声也传得越来越远。不管是省内还是省外，大家都说"同济堂货真价实"，各地的药材商都愿意和他们做生意。

●　重建后的同济堂

药品现代生产车间

同济堂在遵古的基础上，不断创新并完善自身的中医药特色，研制出著名的仙灵骨葆胶囊、润燥止痒胶囊等中成药，疗效确切，获得了不少赞誉。1994年，同济堂成为贵州省第一家获得"中华老字号"殊荣的医药企业；2008年，"同济堂中药文化"入选第二批国家级非物质文化遗产代表性项目名录。目前，同济堂正围绕贵州大山里的宝贝——刺梨进行深度的产品开发，让刺梨的果香与中医药健康产业结合，走进千家万户。

现在，同济堂已经发展成了一个大公司，不仅有制药厂，还有研发团队。他们生产各种药品，从胶囊到片剂，应有尽有。同济堂建立了很多中药材种植基地，从源头上保证了中药材的质量，让老百姓吃上放心药。百余年来，同济堂始终因地制宜、博采众长、守正创新，形成了同济堂独特的质量文化、诚信文化和经营发展文化。

本草课堂

小朋友们知道文章中画线部位是什么吗？

中华老字号：是指历史底蕴深厚、文化特色鲜明、工艺技术独特、设计制造精良、产品服务优质、营销渠道高效、社会广泛认同的品牌（字号、商标等）。

因地制宜：是指根据不同环境的实际情况制定相应的妥善办法。

练一练

非遗"药"知道

一、单选题

1. 同济堂起源于何地？（　）

　　A. 上海

　　B. 北京

　　C. 沈阳

　　D. 贵阳

　　（**答案：** D）

2. 同济堂的"明星"中成药是什么？（　）

　　A. 健胃消食片

　　B. 仙灵骨葆胶囊

　　C. 大补阴丸

　　D. 感冒清热颗粒

　　（**答案：** B）

二、判断题

1. 唐炯是同济堂的开创者之一。（　）

2. 黄紫卿为同济堂做了一个"不言堂"的金招牌。（　）

3. 目前，同济堂正围绕贵州大山里的宝贝——刺梨进行深度的产品开发。（　）

（**答案**：1. √；2. ×；3. √）

三、实操题

小朋友们，试着和家长说一说，黄紫卿负责同济堂的时候，为什么同济堂的信誉越来越好？

（**答案**：黄紫卿能做到货真价实、童叟无欺、不言二价、遵古炮制。他还免费向乡亲们发放烫伤药、刀伤药、阳和膏。同济堂用的包装纸上印着药名、性味、归经、功效、用法和禁忌，分量一点都不差。所以说，同济堂的信誉越来越好。）

桐君阁

LAOZIHAO

结桐为庐 丸走天下

猜一猜

这讲的是什么?

答案

　　两个蓝色瓶子就是桐君阁熟药房开业前从江西景德镇定制的青花瓷老药罐,这两个药罐距今有 100 多年的历史了。小朋友们,是不是觉得很神奇呀! 那就让我们一起走进百年老字号桐君阁,感受其传承与发展的魅力吧。

学一学

　　桐君阁药厂创立于清光绪三十四年（1908），现今已经有超过 110 年的历史了。桐君阁药厂的名字源于一个古老的故事。在很久以前，有一个非常聪明的大臣叫桐君，他因为广施良药、普济众生，被人们尊称为"药祖"。桐君阁药厂的创始人许建安先生是一位受到"药祖"启发的重庆名士，因仰慕中药鼻祖桐君的仁德医术，在重庆下半城储奇门鱼市口建立大药房，将其命名为"桐君阁熟药房"，意在传承桐君悬壶济世的品行和高超的制药技艺。桐君阁实行"前门开店，后门制药"的生产经营模式。

● 桐君阁旧址

据《南岸区文史资料选辑》记述，1930年，重庆中药产业达到极盛时期，而"桐君阁"即为当时重庆最大的制造中成药的药厂。抗日战争时期，桐君阁药厂不但未停产，还积极参与防空灭火和救治伤员。因而"老牌桐君阁，精制中成药"的美誉广为流传。中华人民共和国成立以后，桐君阁联合5家药厂成立了重庆桐君阁药厂。

时移事迁，桐君阁药厂不断进步和创新。1963年和1977年，桐君阁药厂先后两次参与了《中华人民共和国药典》的起草工作；1965年，成功研制"四君子合剂"，首创我国中药合剂新剂型；1981年，利用宫廷秘方开发研制出"生力雄丸"（原名雄狮丸）、"嫦娥加丽丸"，将中药丸剂与现代胶囊剂有机结合，首创"微丸胶囊"剂型。

开办初期，桐君阁药厂做了很多特别的事情。比如，每年冬季，桐君阁药厂都会邀请大众现场观看制作"全鹿丸"。同时，桐君阁还会从江西泰和购回白毛乌鸡，以严谨的制作流程，制作"乌鸡白凤丸"。这些独特的制作方式让桐君阁药厂变得与众不同，人们都说："要买好中成药，就去桐君阁。"

由于桐君阁药厂选料认真，制作精细，包装讲究，注重宣传，没过几年，便蜚声载道。尤其是桐君阁药厂生产的丸药，由于药粉细而均匀，水分含量合理，大蜜丸都用蜡壳保护，既防潮又卫生，不霉不蛀，故民间称道"熊长泰的痧药，伍舒芳的膏药，桐君阁的丸药"。桐君阁药厂的丸剂制作技艺非同寻常，具有"齐、秀、绝"三大特点，寓意桐君阁药厂的丸药品种齐全、外观秀丽、技艺绝伦，其精细的手工起模泛丸技艺、精湛的丸剂包衣技艺、独具匠心的泛丸包裹技艺，代代相传。

其中，丸剂的特色品种有还少丹、强力天麻杜仲丸、一粒止痛丸、安宫牛黄丸、定坤丸、六神丸（现名六灵丸）、麻仁丸、除湿白带丸、大活络丸等。关于还少丹还有一个传说。相传汉代，有位中年妇女，在大街上追打一位头发花白的老人，路人见状非常气愤，纷纷质问她"年轻人为何要欺负老人呢"？那位女子开口道："我在教训自己的儿子。"大家听了都十分吃惊。原来，这位妇女已超百岁，因为长年服用一种秘方药丸，身体很好，而被追打的老人真的是她的儿子，只因他不听劝告，不肯坚持服用药丸，结果 70 多岁便头发花白，老态龙钟。为此，母亲十分气愤，责打儿子，要求他坚持服药，以延缓衰老。后来，她将秘方告诉了大家。这就是"仙姑打老儿丸"的由来，直到宋代，该药才改名为"还少丹"。

因为桐君阁药厂独特的制药技艺及强大的科研技术实力，1978 年在全国科学大会上桐君阁药厂获得两项大奖，获奖项目分别是"青蒿抗疟的研究""制剂新剂型——滴丸"。其中"青蒿抗疟的研究"就是 2015 年屠呦呦教授获得诺贝尔生理学或医学奖的相关项目。另外，桐君阁药厂还被授予了"中华老字号"的荣誉称号，它的传统丸剂制作技艺被列入国家级非物质文化遗产代表性项目名录。这也证明了桐君阁药厂的制药技艺不仅保留了传统技艺的精华，还勇敢地拥抱了新的技术和思想，成了一个时代的佼佼者。

"修合虽无人见，诚心自有天知""品贵不减物，制繁不省工"是桐君阁药厂的祖训，桐君阁药厂的创办人许建安将其镌刻在药房大门两侧立柱上，百年来，数代桐君阁传人以此为座右铭，即便在无人监督的情况下，也时时扪心自问：是否凭良心做事？严格把住质量关，精心制造中成药，并将这种精神延续至今。

1977 年打丸班生产现场

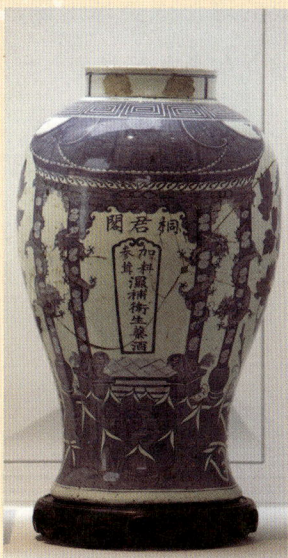

桐君阁青花瓷老药罐

本草课堂

小朋友们知道文章中画线部位是什么吗？

中药合剂： 系指药材用水或其他溶剂，采用适宜方法提取，经浓缩制成的内服液体制剂（单剂量包装者又称"口服液"）。

丸剂： 是指中药细粉或中药提取物加适宜的黏合剂或辅料制成的球形或类球形制剂，可分为水丸、蜜丸、糊丸、蜡丸、浓缩丸和微丸等类型。

练一练

非遗"药"知道

一、单选题

1. 桐君阁药厂创建于哪一年？（　）

　　A.1894 年

　　B.1908 年

　　C.1923 年

　　D.1963 年

　　（**答案：**B）

2. 桐君阁药厂的创始人是谁？（　）

　　A. 许建安

　　B. 桐君

　　C. 黄帝

　　D. 乐笃周

　　（**答案：**A）

二、判断题

1. 桐君阁药厂在 1963 年和 1977 年前后两次参与了《中国药典》的起草工作。（　）

2. 桐君阁药厂研制的"生力雄丸"原名为雄狮丸。（　）

3. 1978 年在全国科学大会上，桐君阁药厂"青蒿抗疟的研究"获得大奖，其是 2015 年屠呦呦教授获得诺贝尔奖的相关项目。（　）

（**答案：** 1. √；2. √；3. √）

三、实操题

小朋友们，下面哪些品种不是桐君阁丸剂的特色品种，请用笔圈出。

还少丹　　　　　　乌鸡白凤丸　　　小儿回春丸　　　一粒止痛丸

六神丸（现名六灵丸）　　除湿白带丸　　　嫦娥加丽丸　　　速效救心丸

（**答案：** 小儿回春丸、速效救心丸）

寿仙谷

LAOZIHAO

芝斛仙草　诚善济人

猜一猜

状如蘑菇一珍宝，当年白蛇将它盗。

其实是味好草药，滋补健身价值高。

（打一中药）

谜底是什么？

答案

　　灵芝。小朋友们有没有猜对呀？灵芝是"中华九大仙草"之一，历史上还被称为"瑞草""神芝""还魂草"等，在很多神话传说中都有出现哦！今天让我们走进主营"仙草"——灵芝与铁皮石斛，拥有110余年历史的中华老字号"寿仙谷"吧！

学一学

　　小朋友们，今天我们来了解一家与"仙草"结下了不解之缘的中华老字号——寿仙谷。寿仙谷初名"寿仙谷药号"，在清宣统元年（1909），由李金祖在今浙江省金华市武义县创立，到现在已有 110 多年的历史了。药号名称寓意：天（仙）、地（谷）、人（寿）和合，遵循大自然规律，希望能给百姓带来健康、长寿、幸福。

　　当地有一处著名景区也叫作"寿仙谷"（原名石井里），民间传说这里是道教神仙南极仙翁（老寿星）的故乡。早先，此地的深山老林和悬崖绝壁上多生长着铁皮石斛、灵芝等珍稀"仙草"。1300 多年前，唐代道教宗师叶法善曾经在此修真和炼丹。可见，武义县有着悠久的文化历史和丰富的中药资源。

　　历史上寿仙谷药号因经营的药材道地，药效优良，连远在杭州的胡庆余堂、方回春堂等知名大药店也常派人前来采购药品。从清光绪年间的武义郎中——李志尚开始，后经李金祖、李海鸿、李明焱、李振皓的钻研古技和世代传承，系统掌握和完善了仿野生盆栽法、铁皮枫斗加工法、首乌蒸制法、盐水杜仲炮制法、三叶青研磨法、铁皮石斛浸膏炼制法，以及白术、白芍等浙江道地药材的上百种中药炮制技法，形成了包含中药材采集、栽培、炮制、组方、煎制等流程的"寿仙谷中药炮制技艺"。该技艺工序众多，对原料、器具，以及选、洗、浸、泡、漂、切、烘、煅、煨、炒、蒸煮等工艺都有独特要求，且特征明显。2014 年，"武义寿仙谷中药炮制技艺"成功入选国家级非物质文化遗产代表性项目名录。

古法蒸制何首乌

三叶青炮制技法

首乌炮制技法

铁皮枫斗炮制技法

灵芝浸膏炮制技法

　　改革开放以来，寿仙谷利用祖辈传下来的技艺积累和现代先进技术，向名贵珍稀中药栽培和应用研究领域积极探索。寿仙谷与国家航天育种中心合作，将菌种和种子搭乘飞船送入太空，运用航天育种等尖端育种技术，自主选育出香菇、灵芝、铁皮石斛、西红花等优质中药材和食药用菌新品种 10 个，运用全自动控温控湿和远程电脑控制，仿野生栽培，保证中药材的优良品质。

灵芝仿野生栽培

铁皮石斛组培车间

灵芝孢子又可以称为灵芝的"种子"，是灵芝药效的精华。灵芝孢子非常微小，眼睛很难看清。其结构却与山核桃类似，外面有一层厚厚的"外壳"保护着，直接吃下去是很难被人体吸收利用的。寿仙谷首创"低温超音速气流破壁"技术，对其进行"破壁"和"去壁"处理，打碎并除去这层"外壳"，解决了这个难题，使灵芝这一贵重的传统药材变身为高科技现代中药产品。另外，寿仙谷承担制定的《中医药—灵芝》《中医药—铁皮石斛》国际标准，为中国灵芝、铁皮石斛产业走向世界作出了贡献。

未破壁灵芝孢子粉 有效成分被壁壳包裹，很难被人体吸收，几乎无苦味。用水冲泡，静置12小时后，孢子粉基本沉入底部，水体无色，分层明显。

第一代 灵芝孢子粉

破壁灵芝孢子粉 有效成分易被人体吸收利用，但有效成分与壁壳混合，含量低，苦味不明显。用水冲泡，静置12小时后，有效成分溶于水，水体呈浅褐色，孢子粉壁壳沉入底部，分层明显。

第二代 破壁灵芝孢子粉

去壁灵芝孢子粉 将有效成分与壁壳两者分离，三萜、多糖含量提高10倍以上（1克寿仙谷去壁灵芝孢子粉相当于10克破壁灵芝孢子粉），苦味浓郁。用水冲泡，静置12小时后，水体呈深褐色，无明显分层。

第三代 去壁灵芝孢子粉

灵芝孢子的释放和加工技术

铁皮石斛和灵芝国际标准制定重大贡献表彰

寿仙谷药业厂区全景

　　寿仙谷人以积德济世的情怀，谨遵"重德觅上药，诚善济世人"的祖训，持续深耕灵芝、铁皮石斛等浙江省道地药材，打造"有机国药品牌"，弘扬中华药食文化。

本草课堂

小朋友们知道文章中画线部位是什么吗?

铁皮枫斗: 又称耳环石斛,以寿仙谷祖传的炮制手法将铁皮石斛去叶、去根须后,经烘焙,手工制作成螺旋形或弹簧状即成。

航天育种: 是航天、生物与农业育种技术结合的产物,利用宇宙辐射和微重力环境,创造新种质和新品种的育种途径。

仿野生栽培: 根据药用植物生长特性及其对生态环境的要求,人为创造一定的生长环境,模拟自然环境条件繁殖生长。

练一练

非遗"药"知道

一、单选题

1. 寿仙谷药号由谁创立?( )

　　A. 李志尚

　　B. 李金祖

　　C. 李海鸿

　　D. 李明焱

　　（答案：B）

2. 寿仙谷没有培育的中药品种是什么?( )

　　A. 西红花

　　B. 灵芝

　　C. 铁皮石斛

　　D. 人参

　　（答案：D）

二、判断题

1. 寿仙谷药号创立于浙江省金华市武义县。（　　）

2. 寿仙谷通过航天育种和仿野生栽培等技术，保证中药材的质量。（　　）

3. 寿仙谷只经营灵芝（孢子粉）和铁皮石斛两个中药品种。（　　）

（**答案：** 1. √；2. √；3. ×）

三、实操题

寿仙谷主要经营的名贵珍稀中药有 3 种，它们的原植物也非常漂亮！小朋友们，你们认识它们吗？

	我是谁 （答案：灵芝）	**小知识：** 其实灵芝并不是植物，而是和蘑菇一样的真菌
	我是谁 （答案：铁皮石斛）	**小知识：** 铁皮石斛是兰科植物，和观赏植物蝴蝶兰是"亲戚"哦
	我是谁 （答案：西红花）	**小知识：** 西红花，原产于希腊、西班牙、伊朗等国，后被引种到国内，现在已经是浙江省的道地药材"新浙八味"之一了

后 记

    亲爱的青少年朋友们，当这本书的最后一页被轻轻翻过，你们是否对那弥漫着缕缕草药香气的老药铺充满了好奇与向往呢？其实，不止你们被深深吸引，《"童"行传奇老字号》编委会的叔叔阿姨们在收集、整理和访谈的过程中，同样被这些百年老字号药铺的传奇故事深深打动了。

    2023 年底，我们一群对中医药事业满怀热爱的人组建了《"童"行传奇老字号》编委会，这也标志着我们探索之旅的开启。从前，我们只是在书本和网络中阅读他人所书写的传承故事。而此次，我们亲身感受到了故事背后那一段段充满温情的坚守。

    青少年朋友们，你们知道吗？中华文明能够延续至今，离不开中医药文化的传承与实践。过往岁月，无论是疫病肆虐，还是日常小病，中医药凭其独特的理论和丰富的防治疾病经验，保障了人口的生存和繁衍，而其蕴含的哲学思想和人文精神，更是契合中华文明核心价值观，是传承弘扬中华文明的关键载体。

    本书的编写依托中国民主同盟北京市委员会（以下简称民盟北京市委）"中医药非遗百年老字号企业的传承与发展"专项课题。在民盟北京市委的指导与支持下，我们对 17 家非遗百年老字号药企进行了调研。在编写本书的过程中，得到了昆明中药厂有限公司杨祝庆、任涛、黄渊、孙成、杨承权，北京鹤年堂医药有限责任公司曹希久、马烨，山西广誉远国药有限公司李红枫、岳玉宝，山东广育堂国药有限公司杜新磊、史南南，广州白云山陈李济药厂有限公司陈进伟、许晓屏，杭州方回春堂有限公司陈亮、刘誉民，九芝堂股份有限公司刘坤晶、卢孟亚，中国北京同仁堂（集团）有限责任公司范红、严晗、孔燕萍、张鹰飞、刘文良、霍达，雷允上药业集团有限公司吴静、周霖，上海童涵春堂中药饮片有限公司贾晓薇、曹琴、朱俐玲，津药达仁堂集团股份有限公司隆顺榕制药厂史玥、魏强，西安明仁药业有限公司马绪斌、马绪良，杭州胡庆余堂国药号有限公司余笑笑，国药集团同济堂（贵州）制药有限公司朱鹤、何川、涂逊敏，太极集团重庆桐君阁药厂有限公司殷树荣、吴大章、苏泰安、万章平、李星樾，江西樟树天齐堂中药饮片有限公司袁小平、袁艳金、杨光平，金华寿仙谷药业有限公司徐子贵、宋国斌等同志和各药企领导的帮助与支持，在此一并感谢。他们不仅提供了丰富的历史资料，更是用实际行动告诉我们什么是大医精诚和仁爱之心。

我们希望这本书能在青少年朋友们的心灵中，种下一颗热爱中医药传统文化的种子。让你们知晓，有这样一群默默守护着健康的人，有这样一个传承着古老智慧的地方。

百年光阴，似一首悠扬长歌，老药铺虽历经岁月变迁，但始终坚守初心，延续中医药文化，从祖辈选药到父辈炮制，至新一代创新，诉说着坚守与热爱的传承故事。

《"童"行传奇老字号》编委会

2024年12月